정말이지 쉬운 클래식 명곡집

Contents _차례

몰다우

Die Moldau

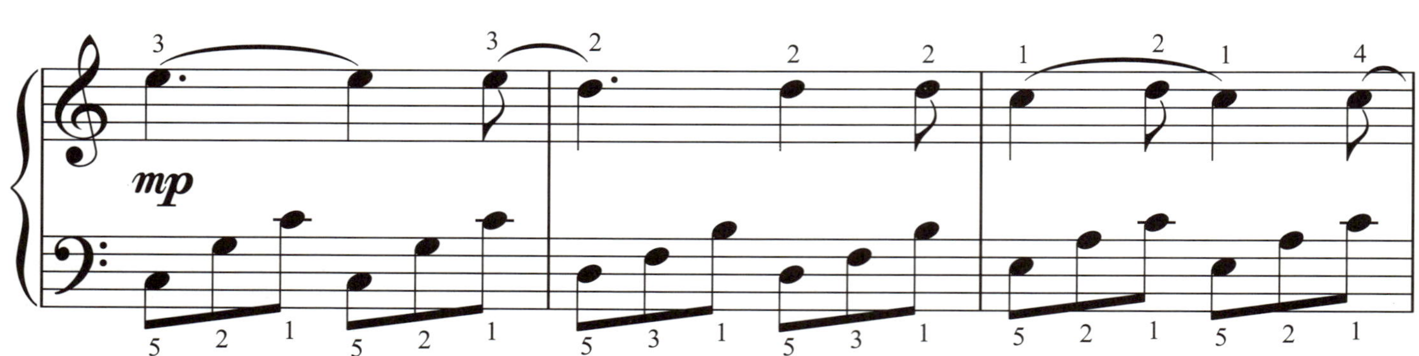

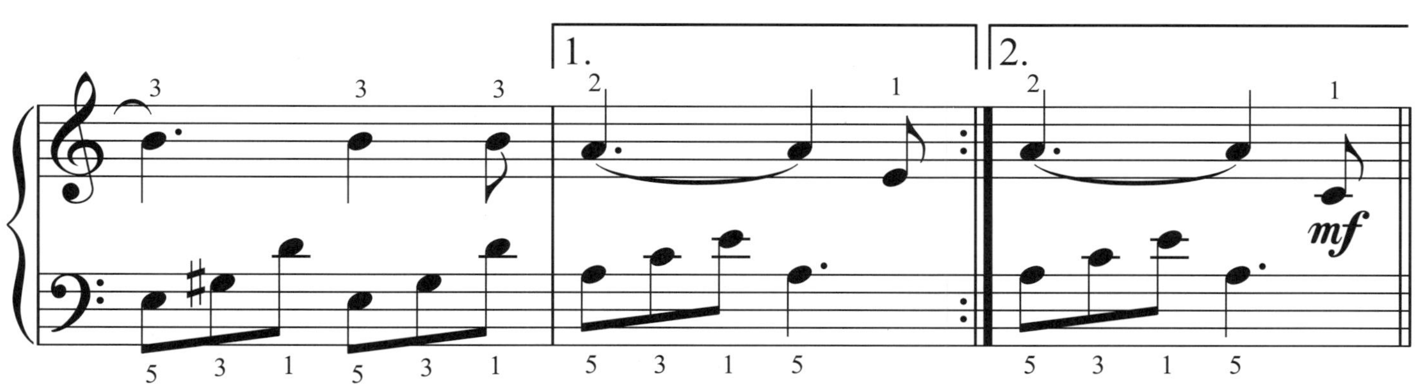
1.
2.
mf

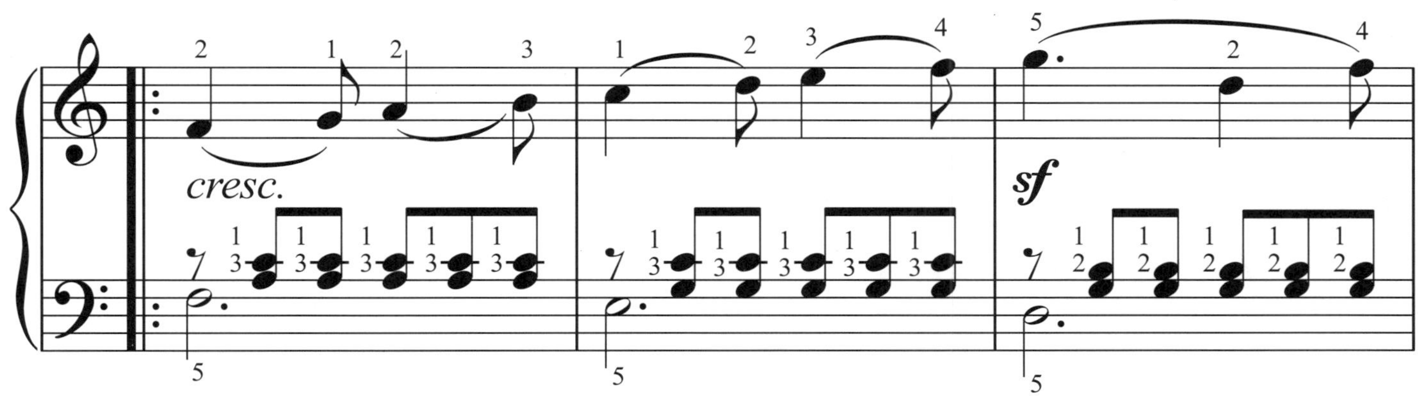
cresc.
sf

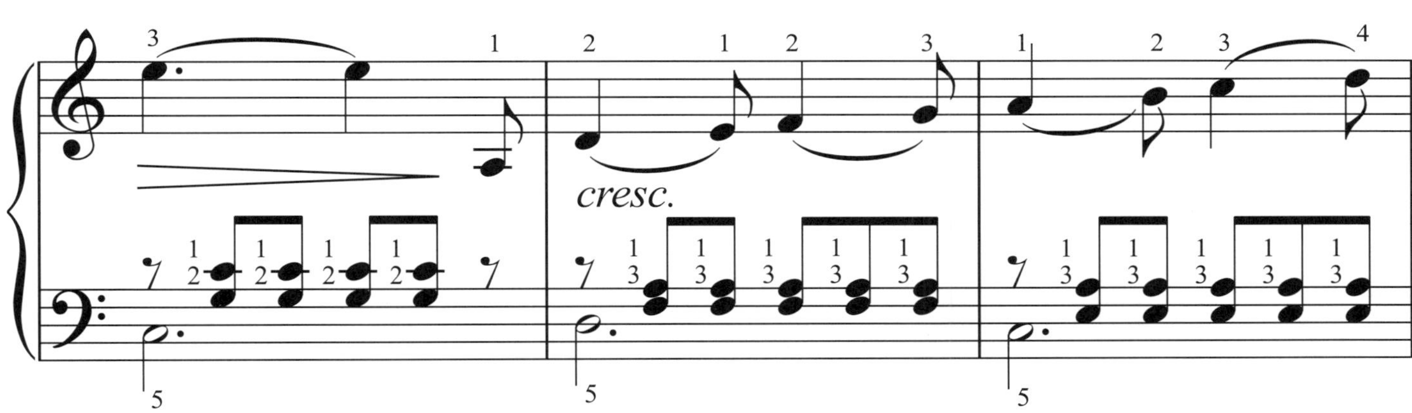
cresc.

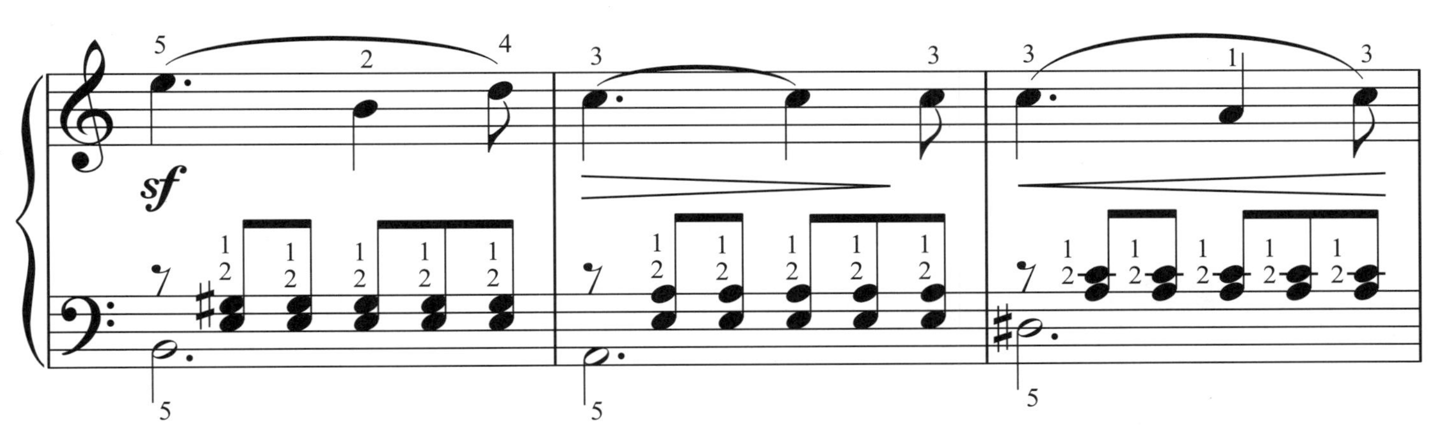
sf

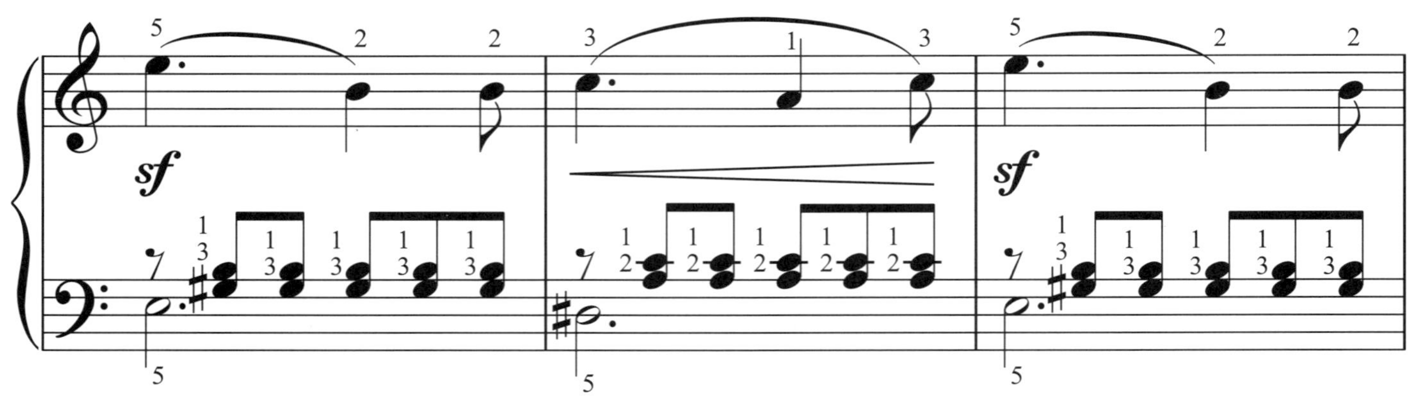
sf
sf

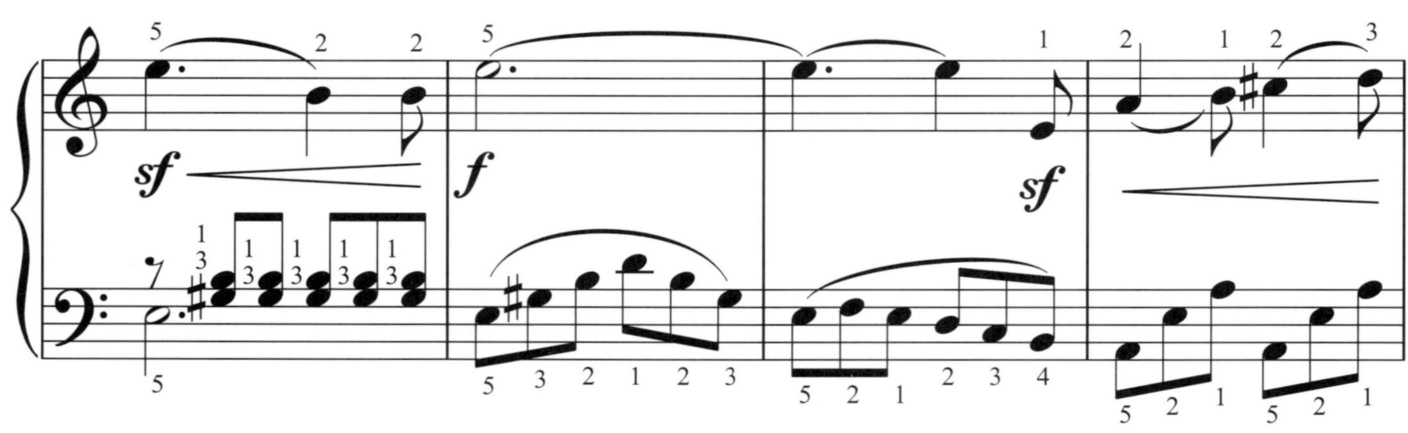
sf
f
sf

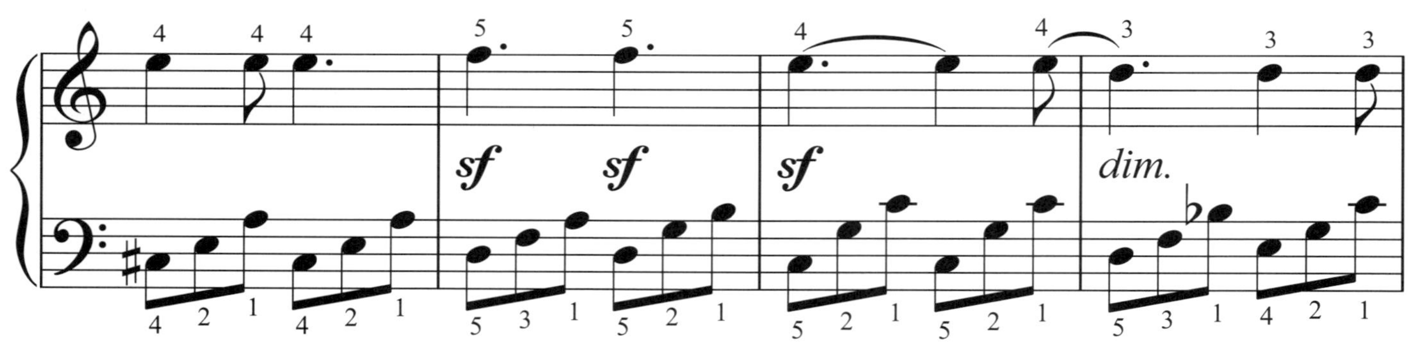
sf
sf
sf
dim.

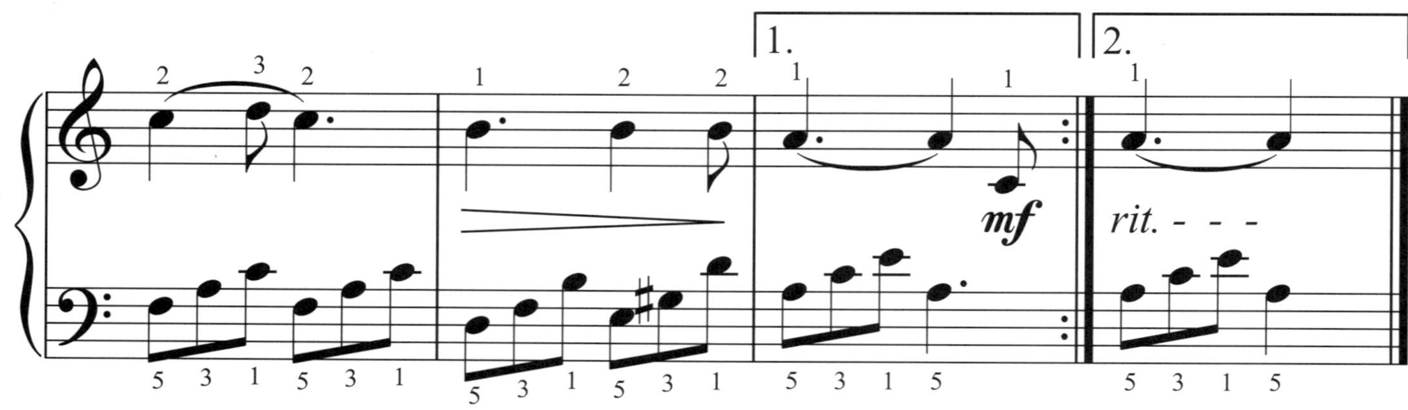
1.
2.
mf
rit. - - -

가보트

Gavotte

고섹 (1734-1829)

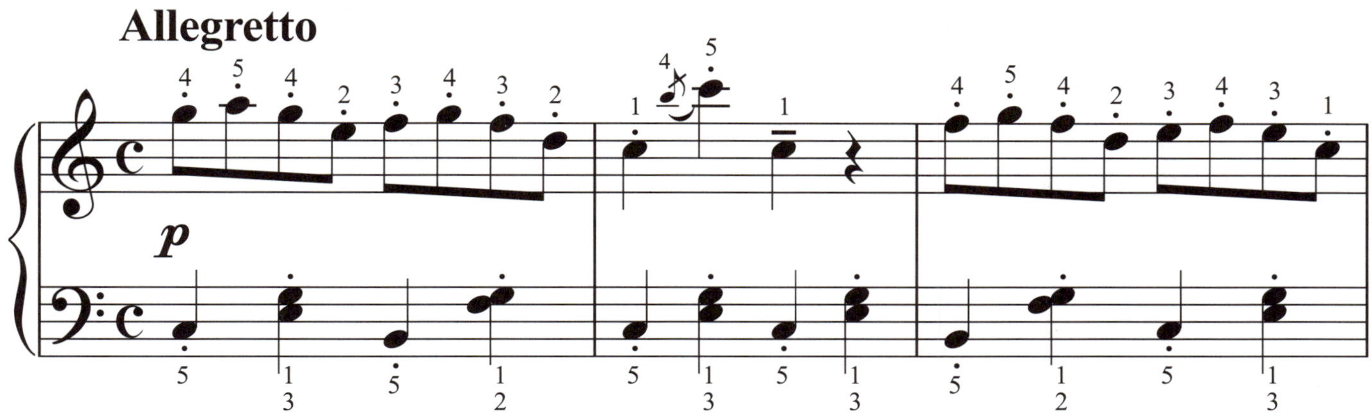

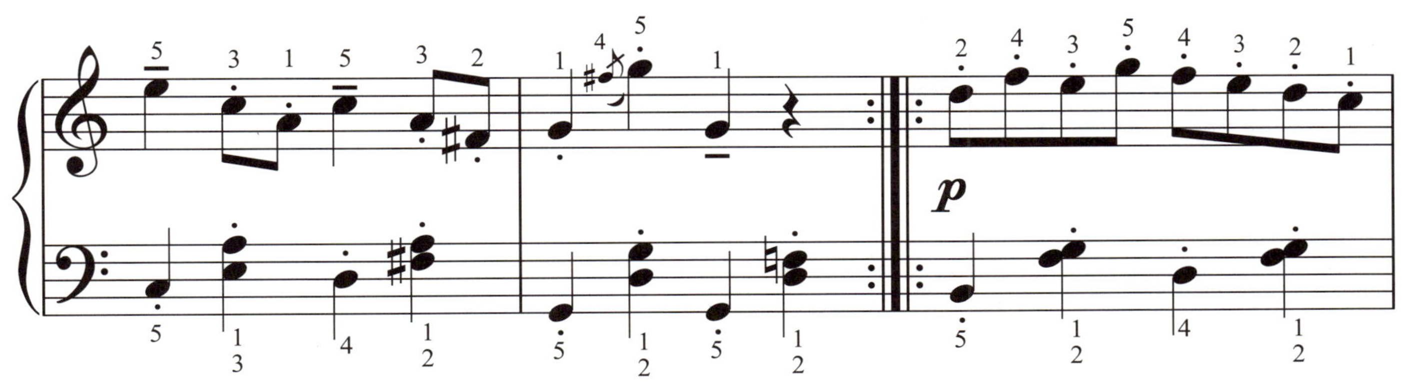

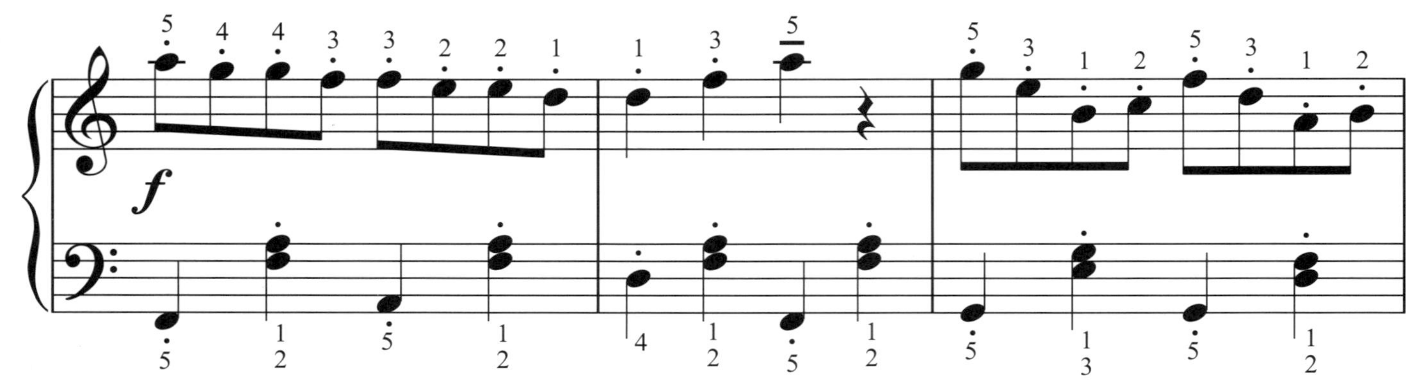

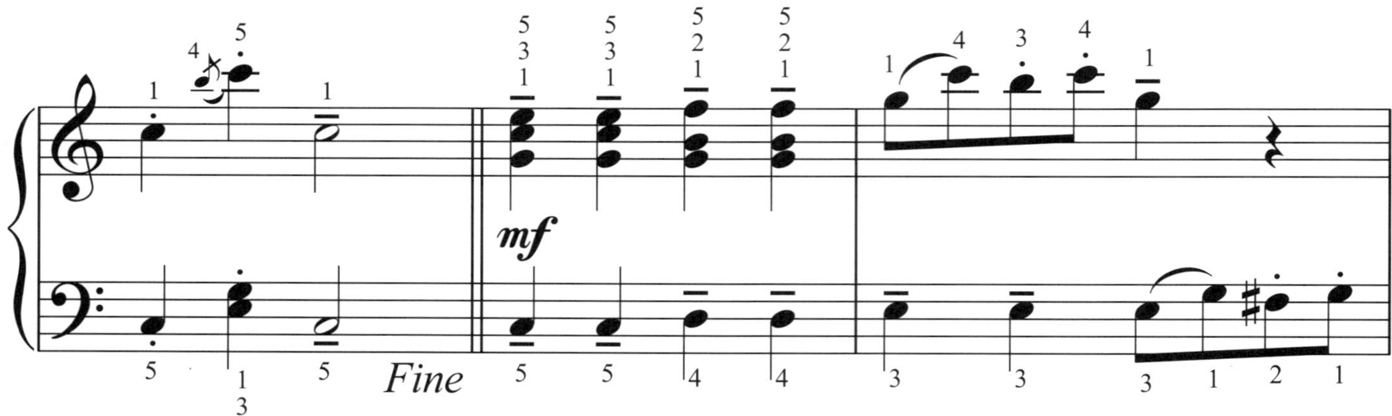

Fine

p
pp
cresc.
f
D.C.

봄

사계 중에서 | Le Primavera

비발디 (1678-1741)

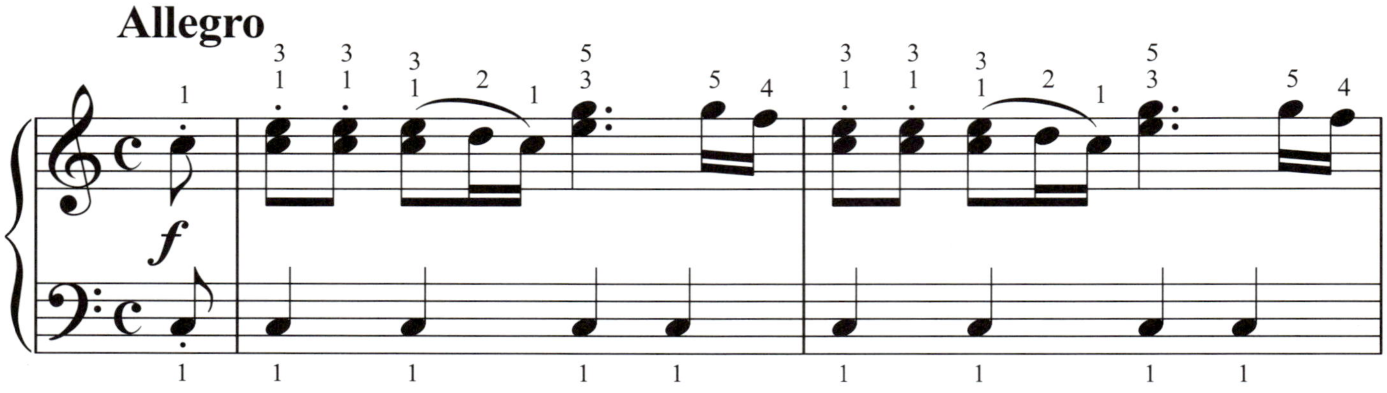

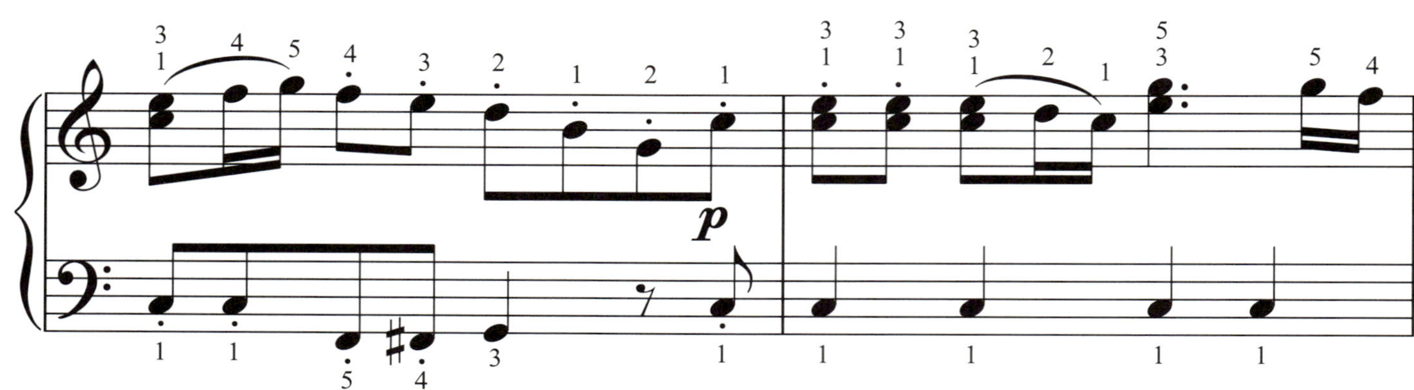

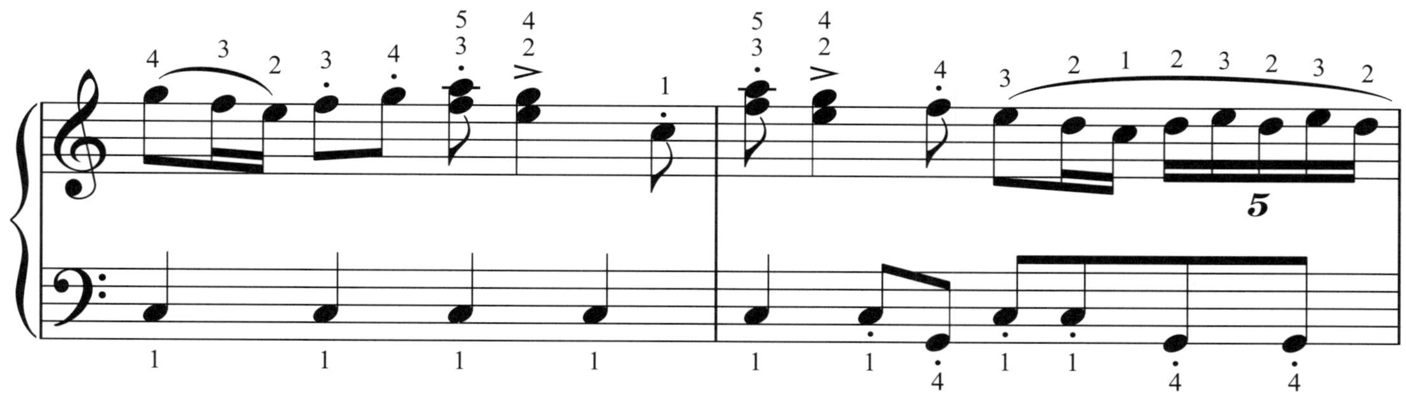

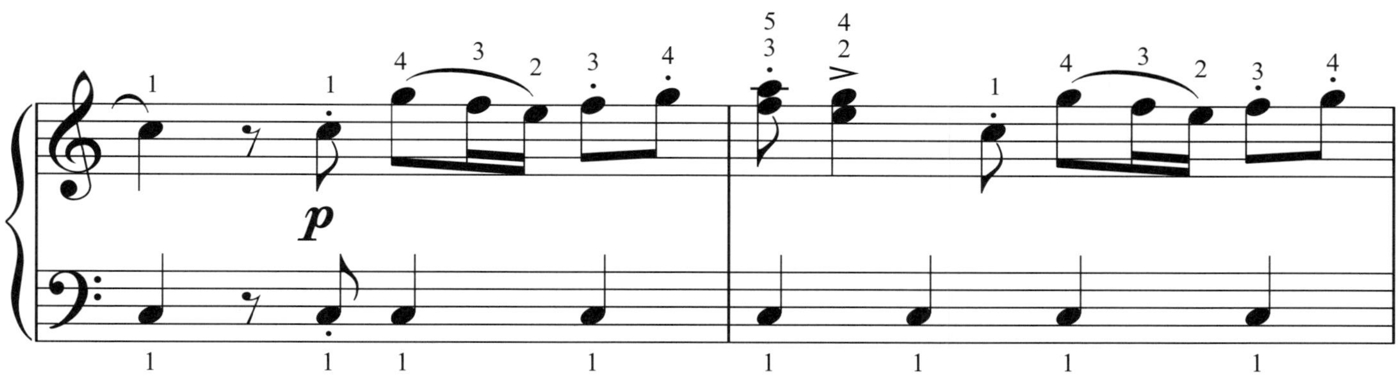

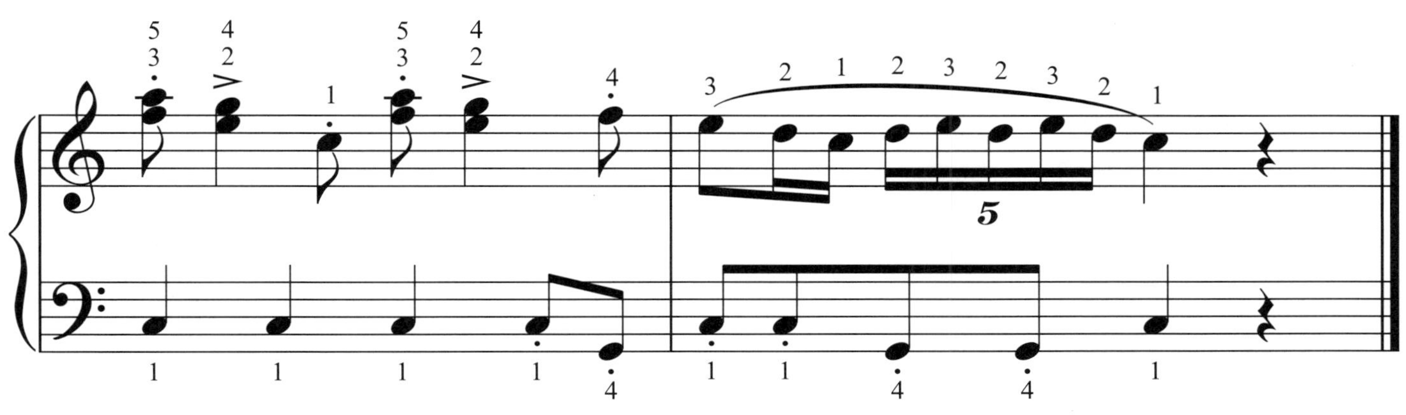

가을

사계 중에서 | L'Autunno

비발디 (1678-1741)

Allegro

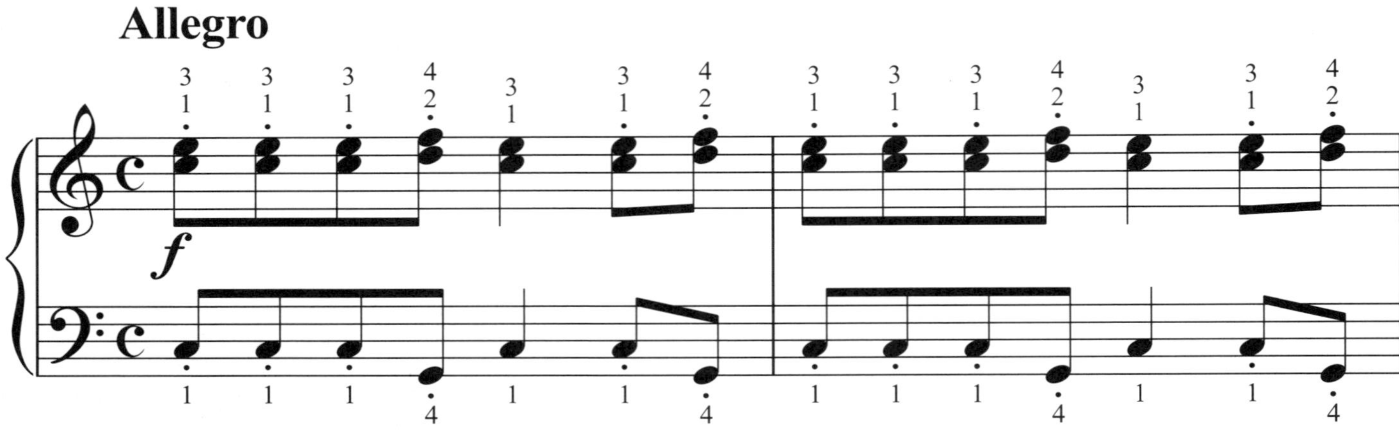

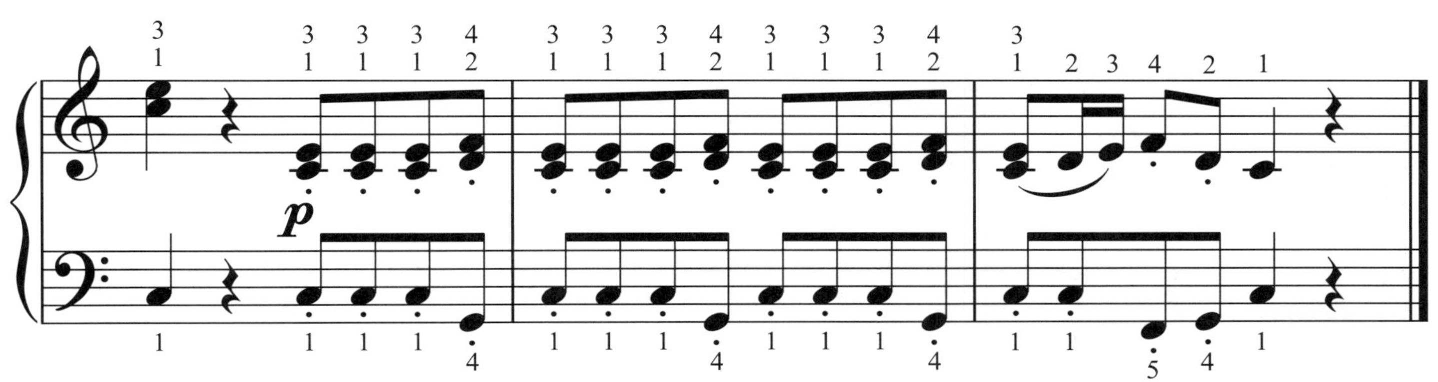

스케이터즈 왈츠

Les Patineurs, Valse

발트토이펠 (1837–1915)

Tempo di Valse

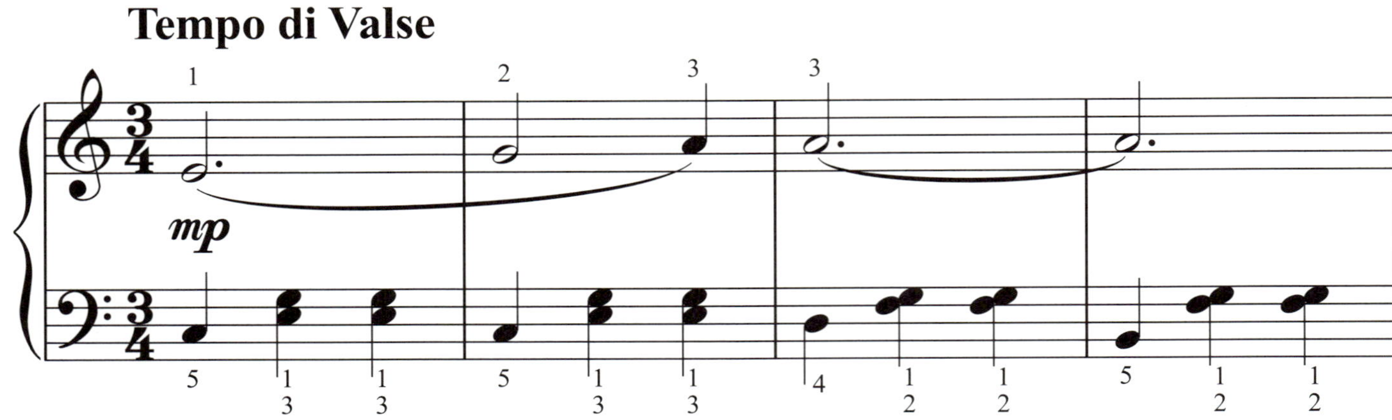

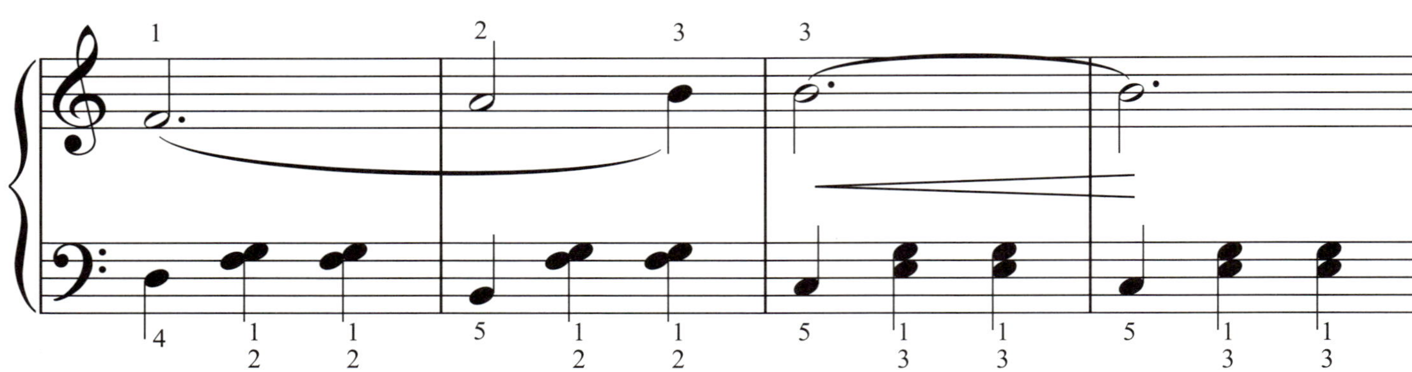

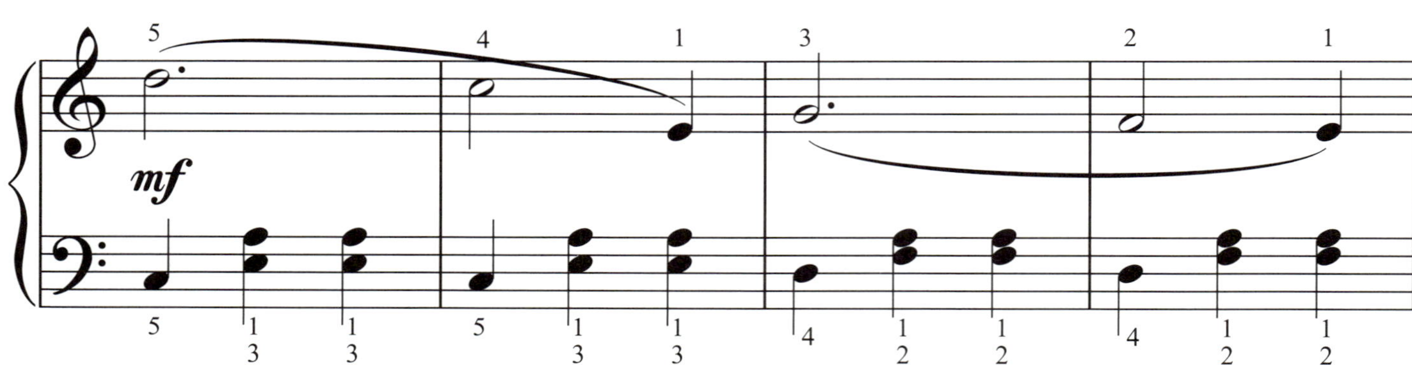

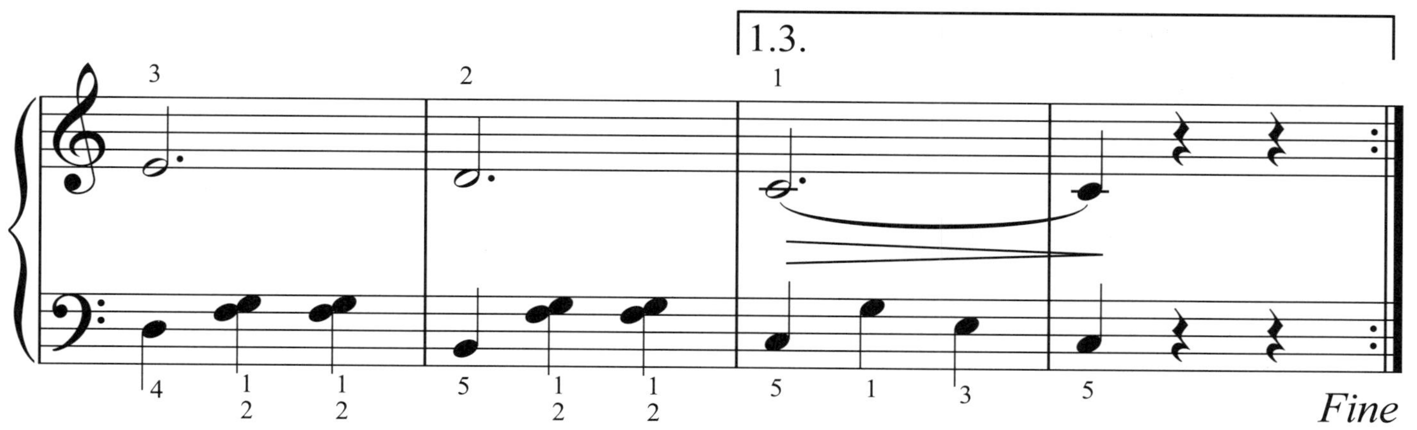

1.3.
Fine

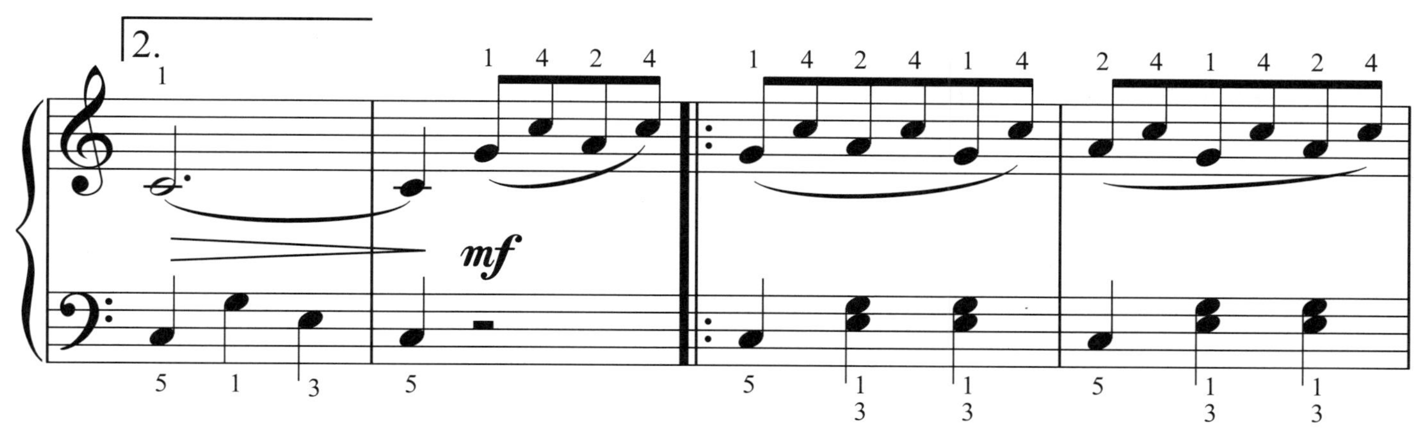

2.
mf

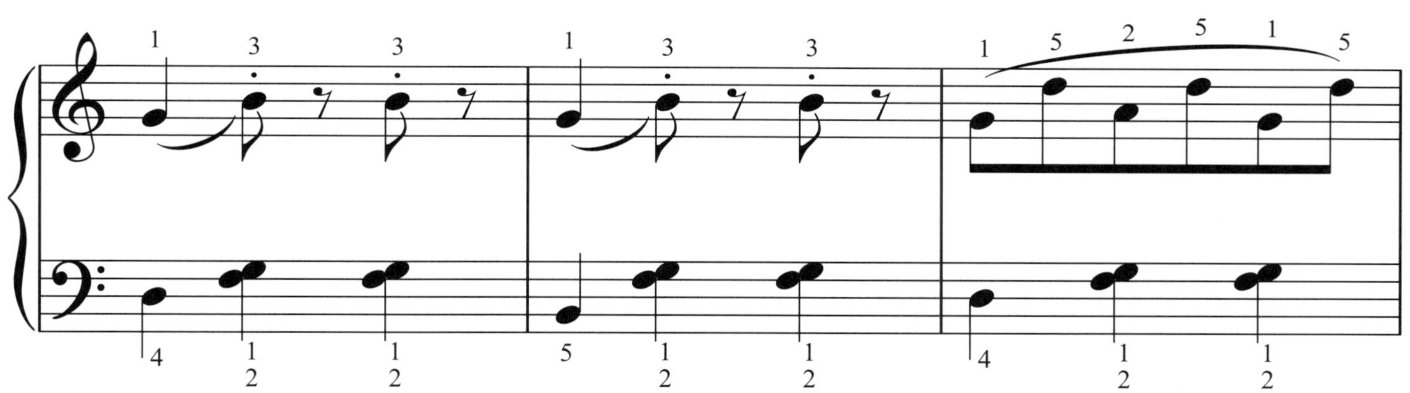

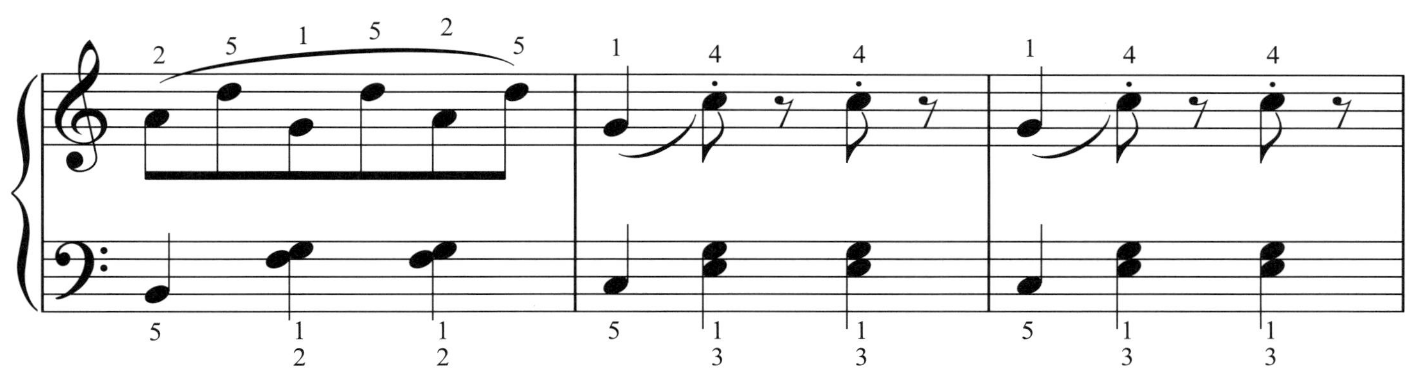

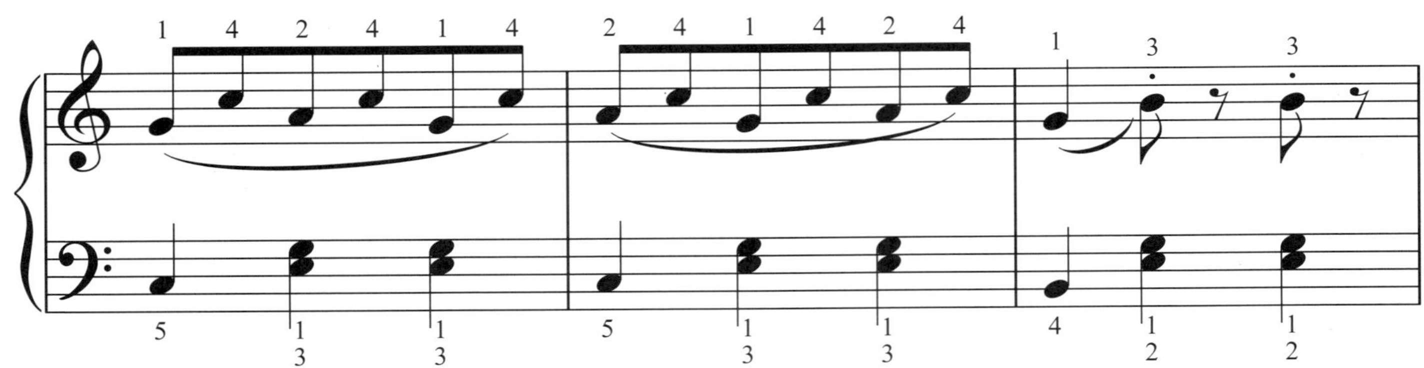

p cresc.

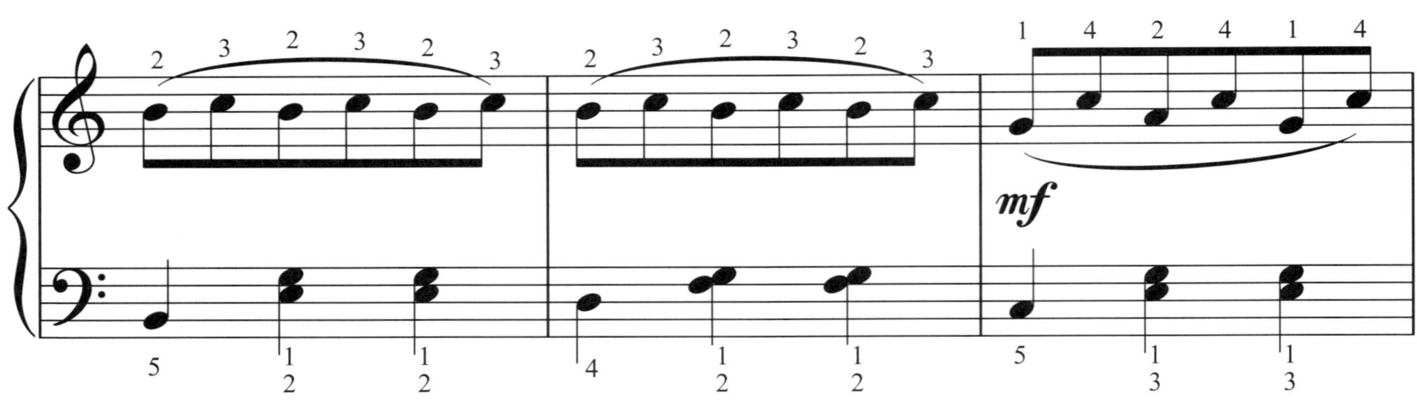
mf

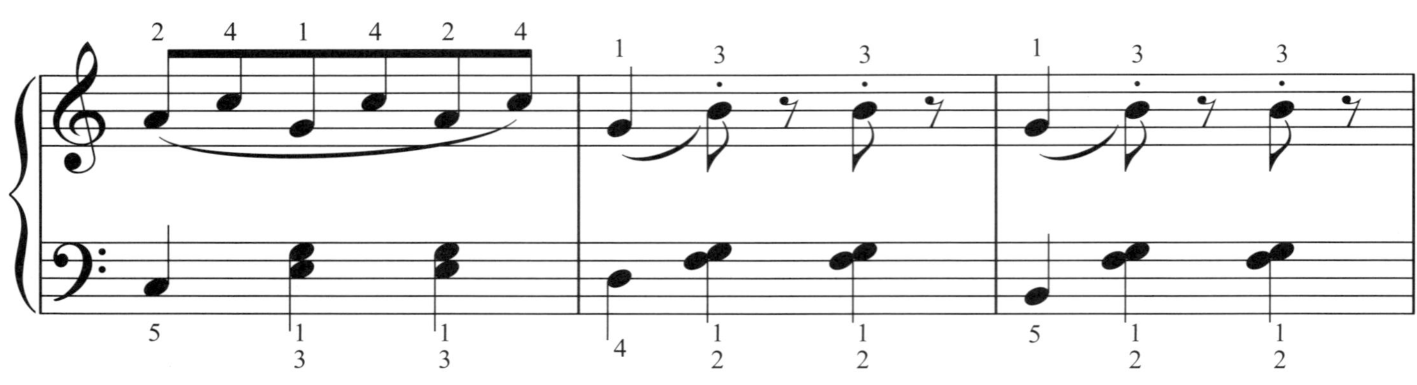

정말이지 쉬운 플래쉬 명곡집

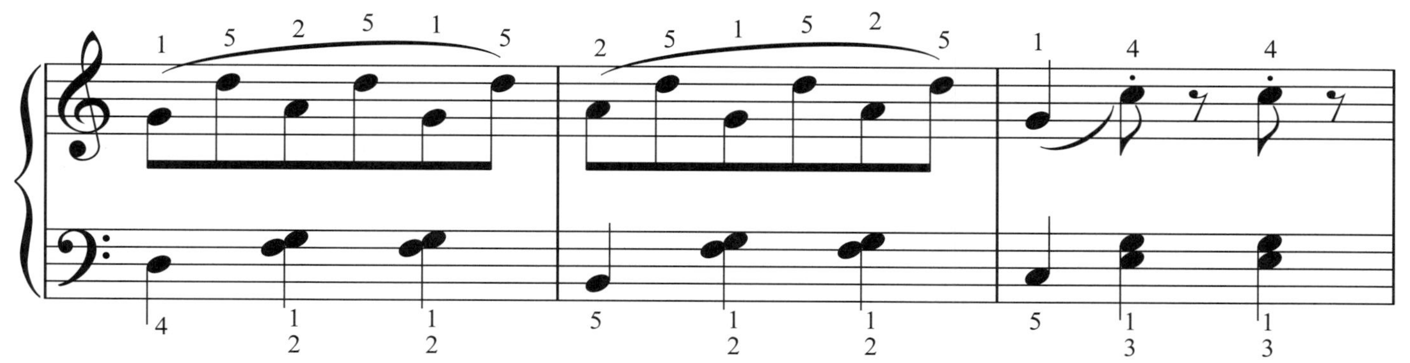
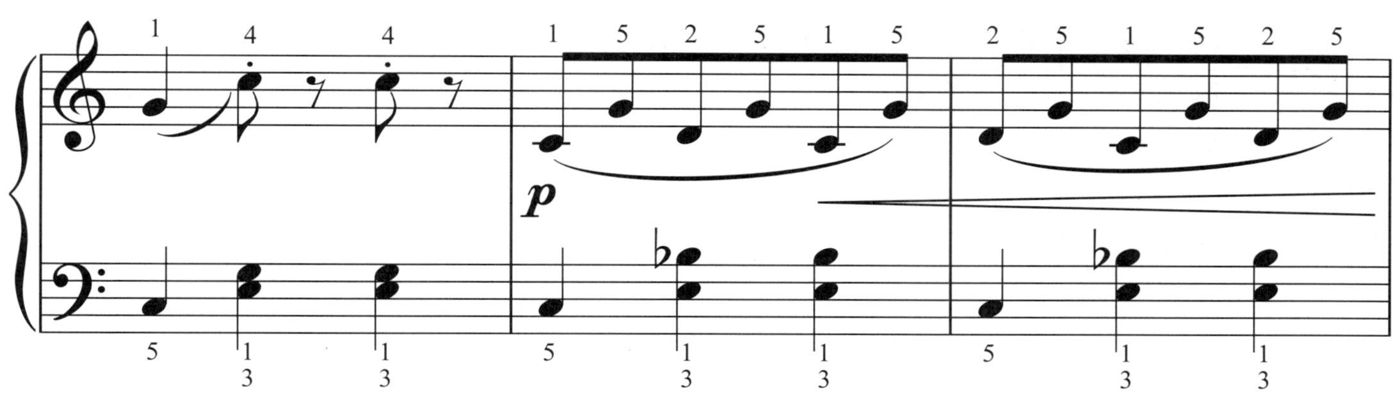

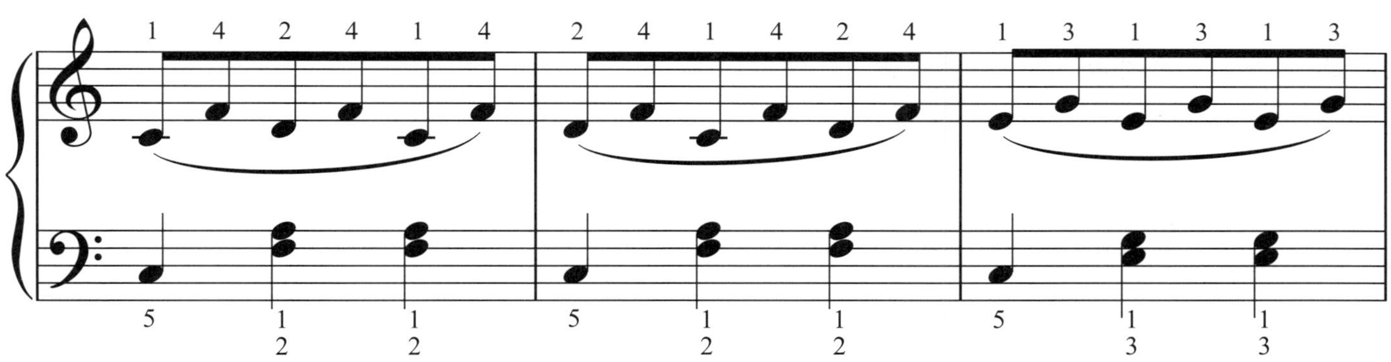

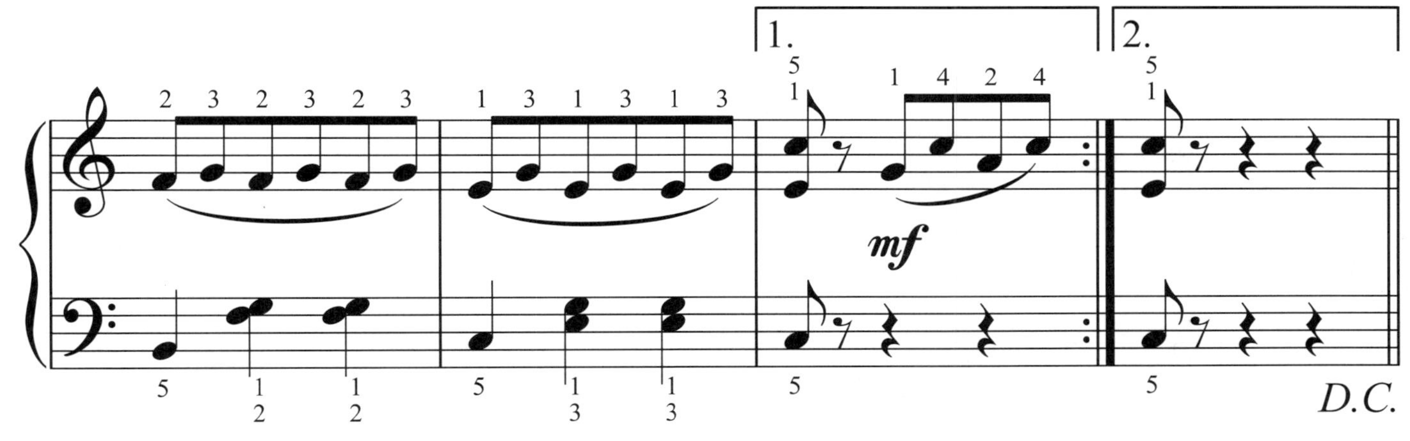
1.
2.
mf
D.C.

라데츠키 행진곡

Radetzky Marsch

요한 스트라우스 1세(1804-1849)

Tempo di Marcia

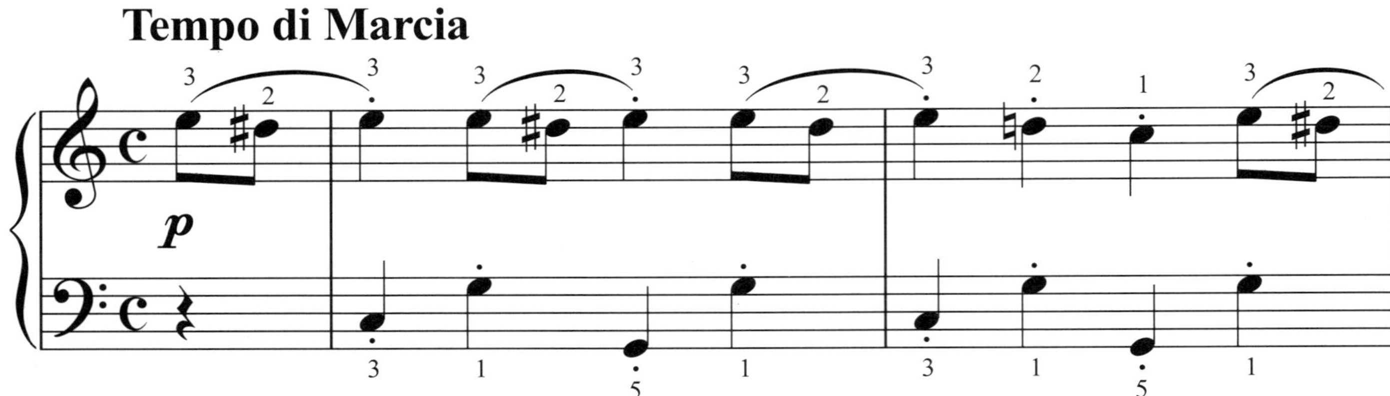

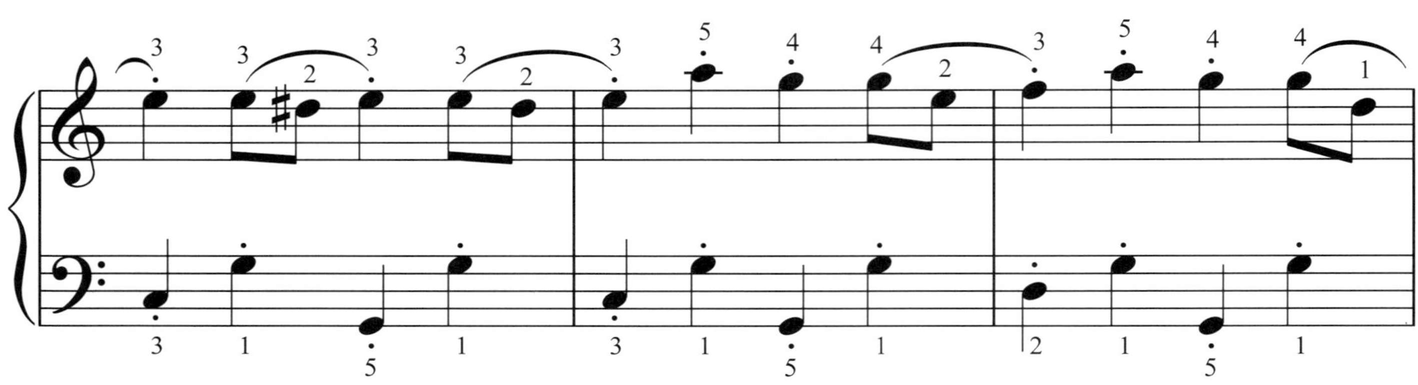

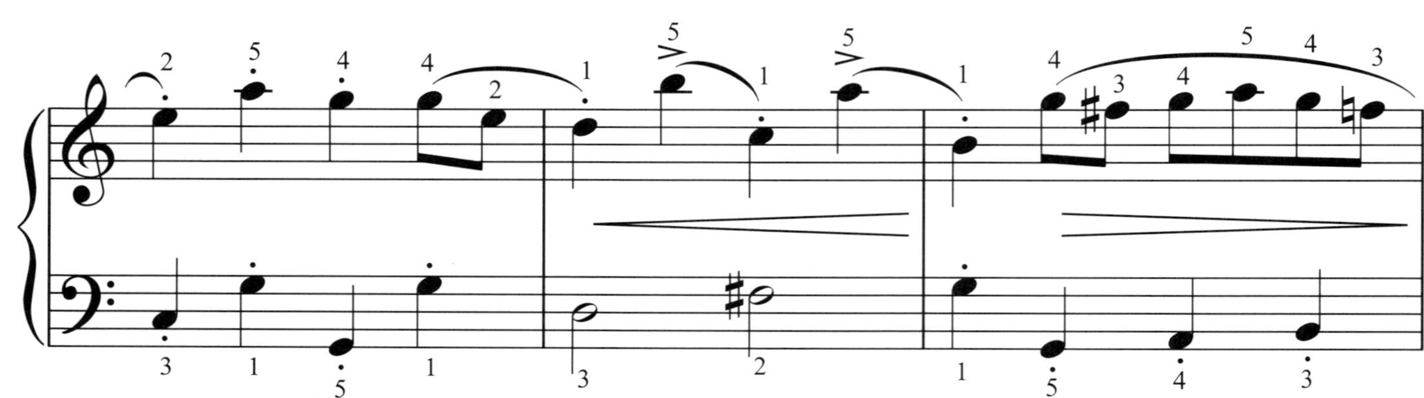

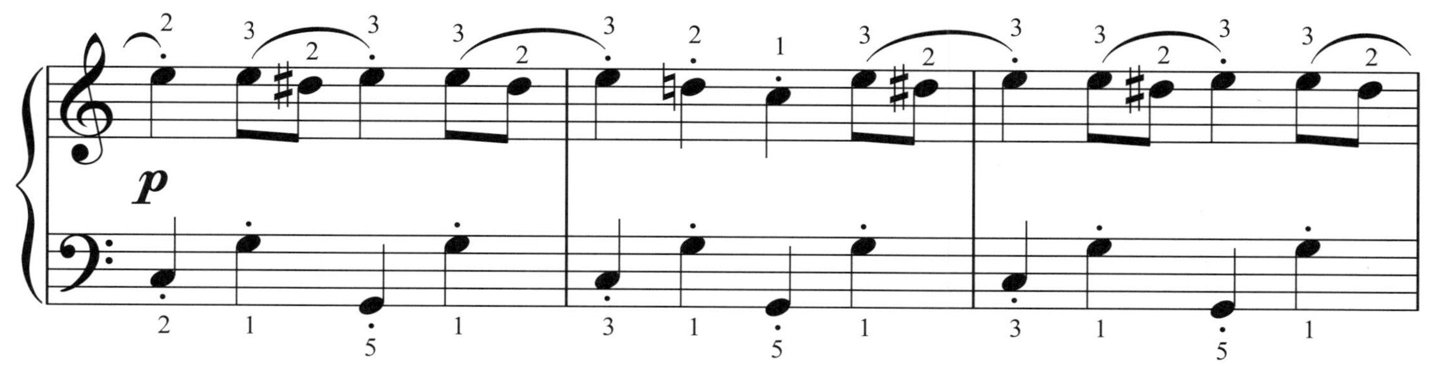

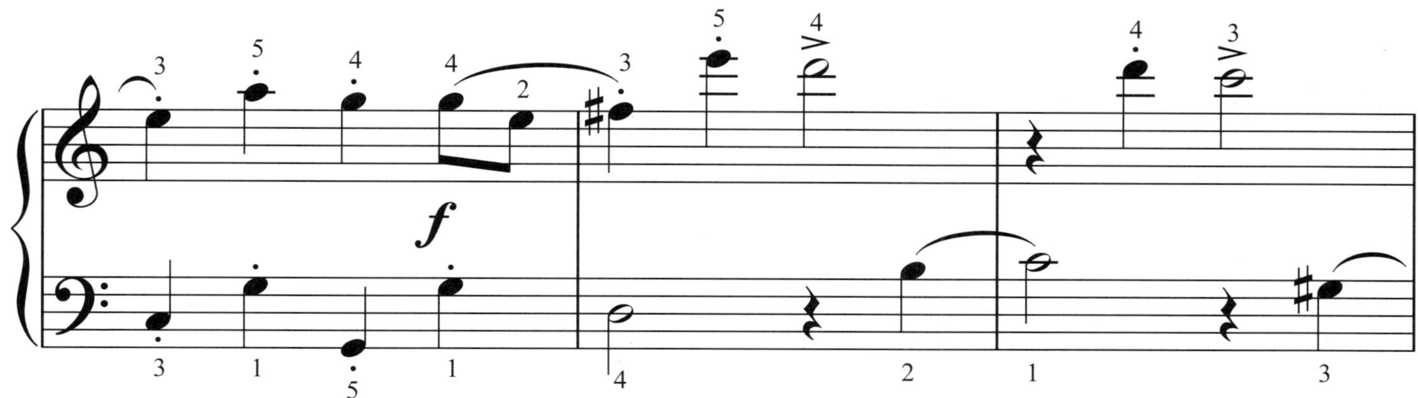

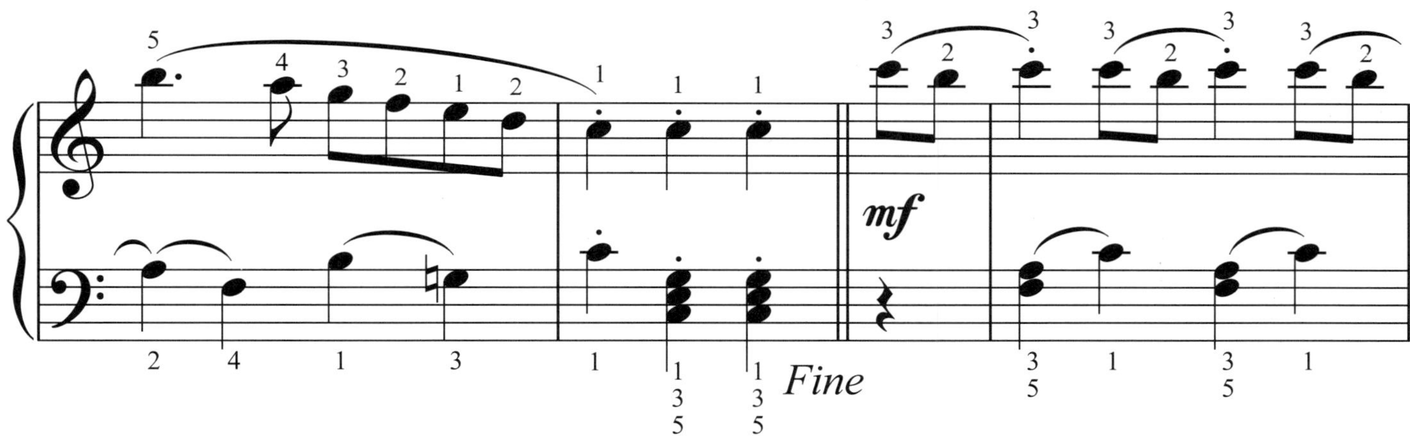
mf
Fine

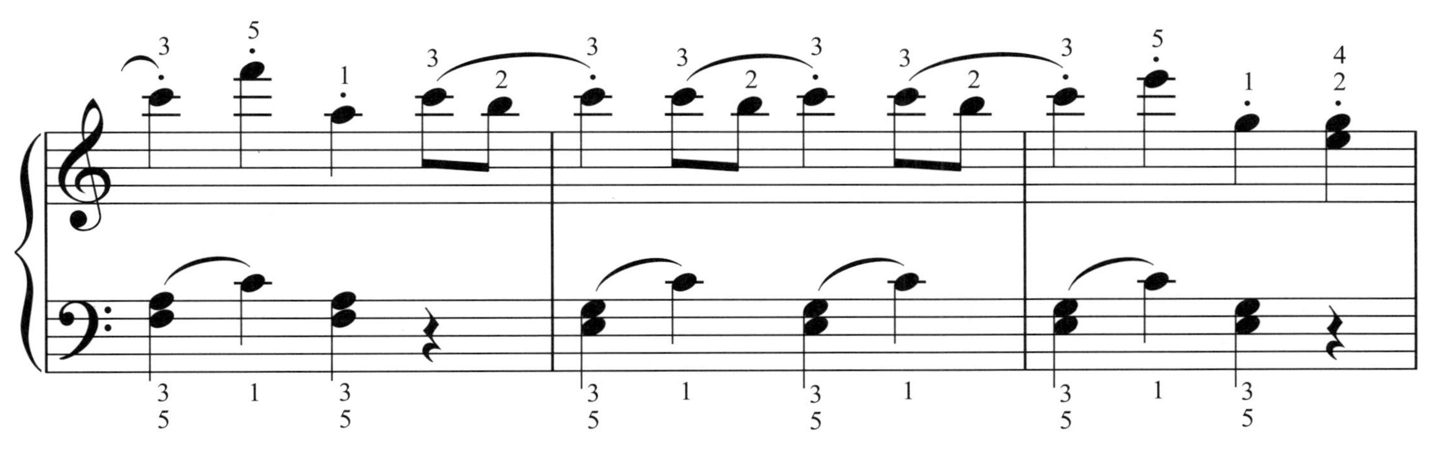

ff
D.C.

페르 귄트 모음곡 1번 '아침'

Morgenstemning

그리그(1843-1907)

Allegretto pastorale

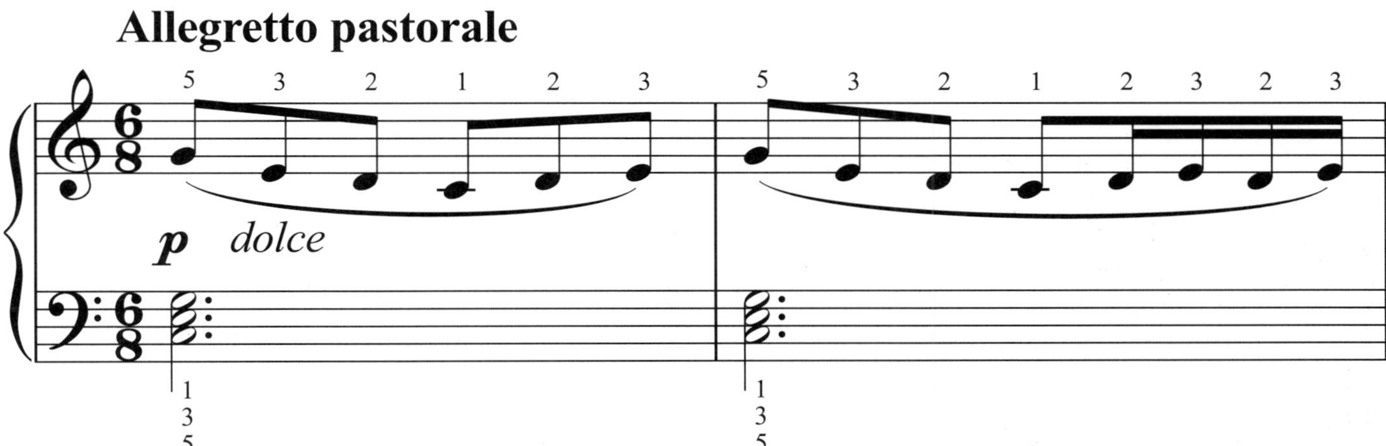

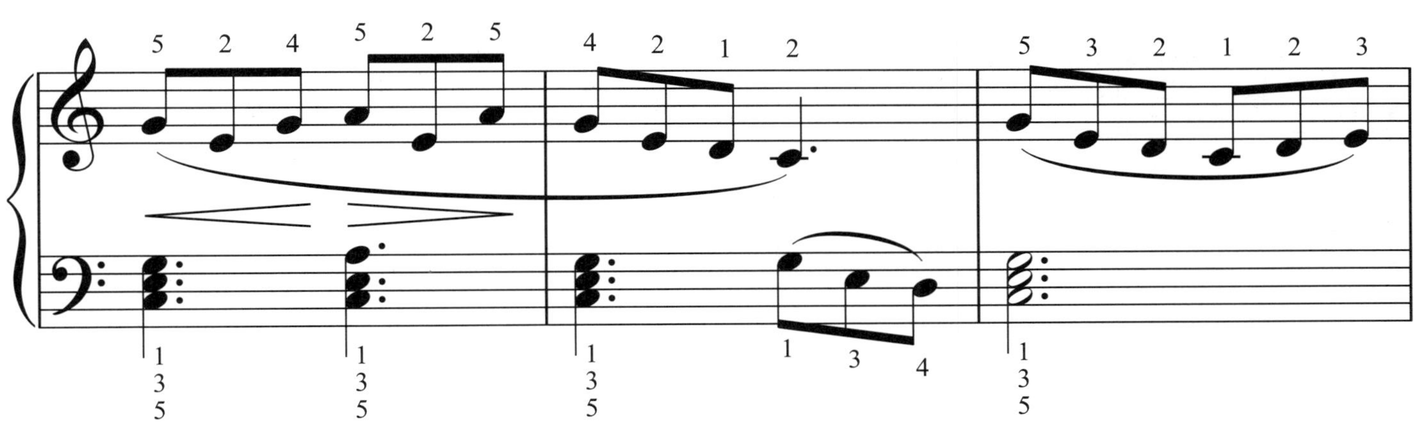

mf

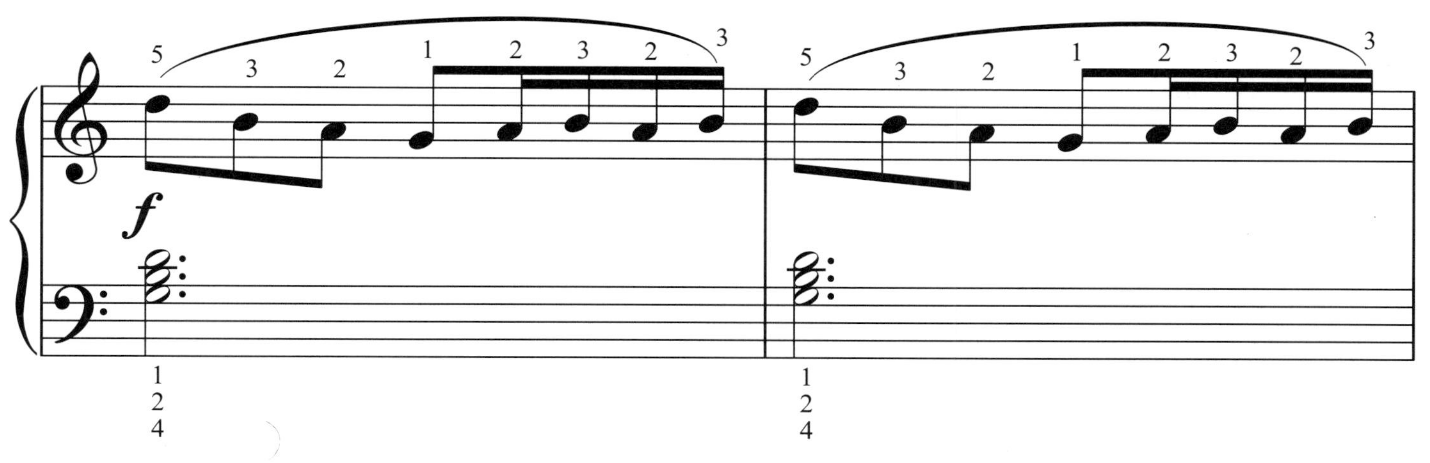

f

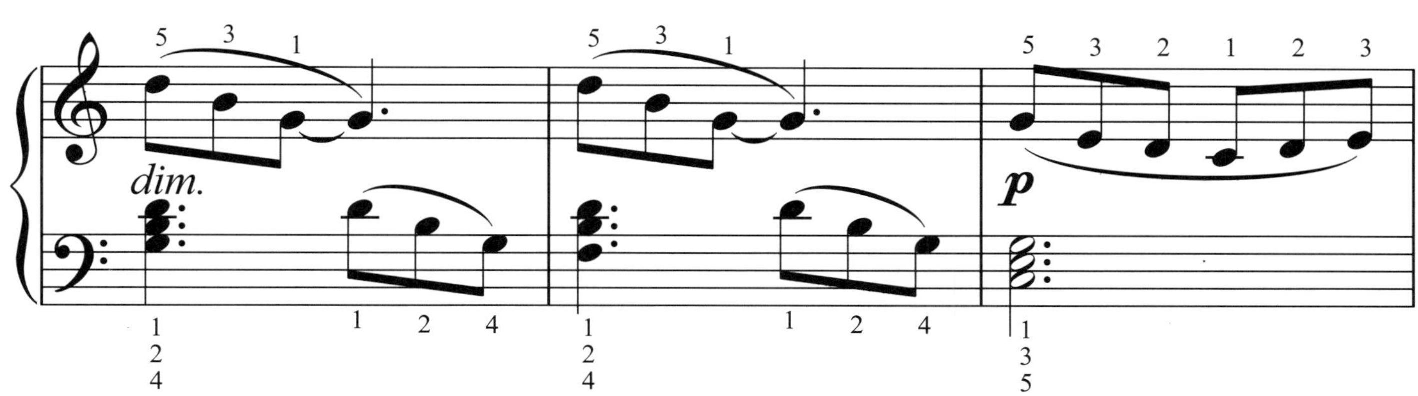

dim.
p

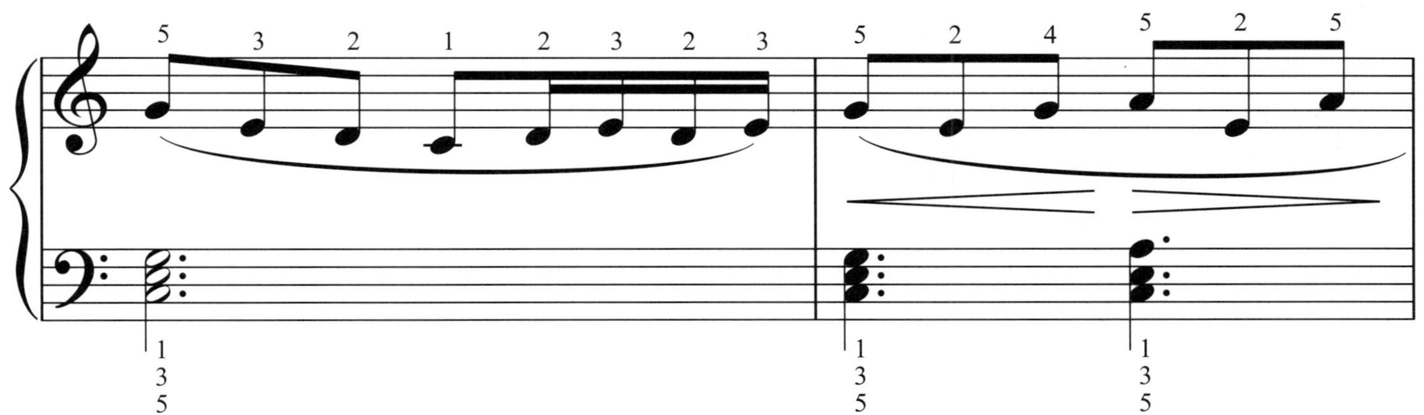

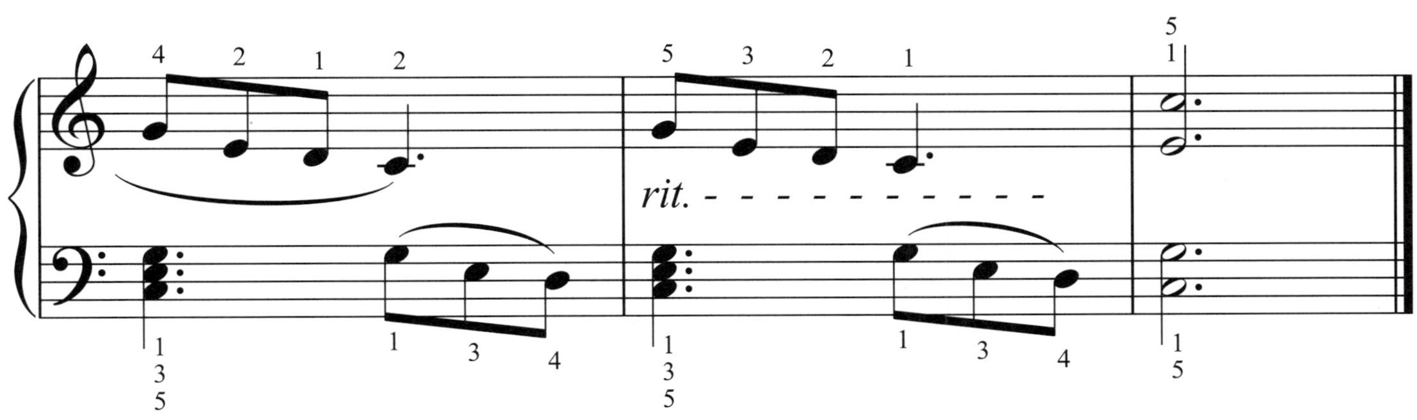

rit. - - - - - - - - - - -

파랑돌

아를의 연인 중에서 | Farandole

비제(1838-1875)

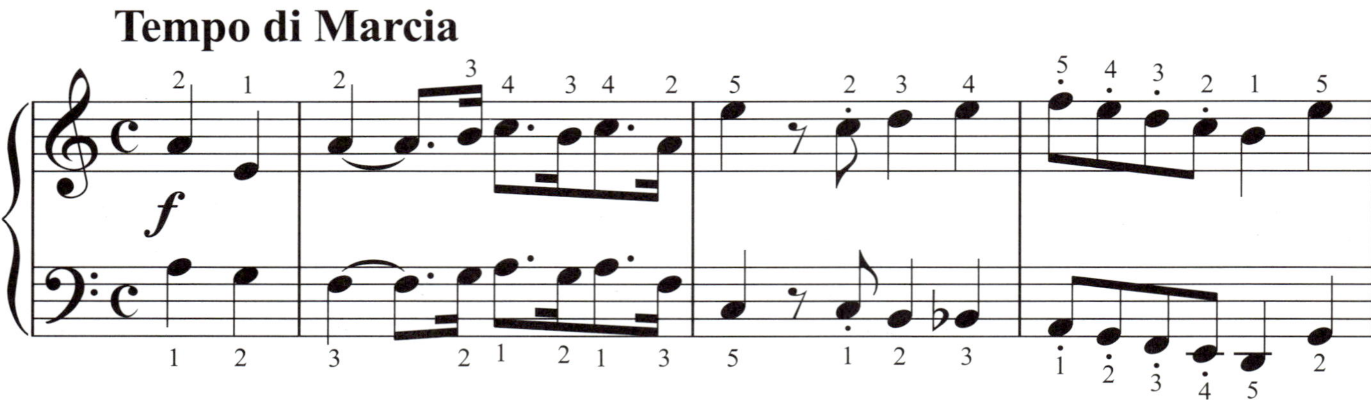

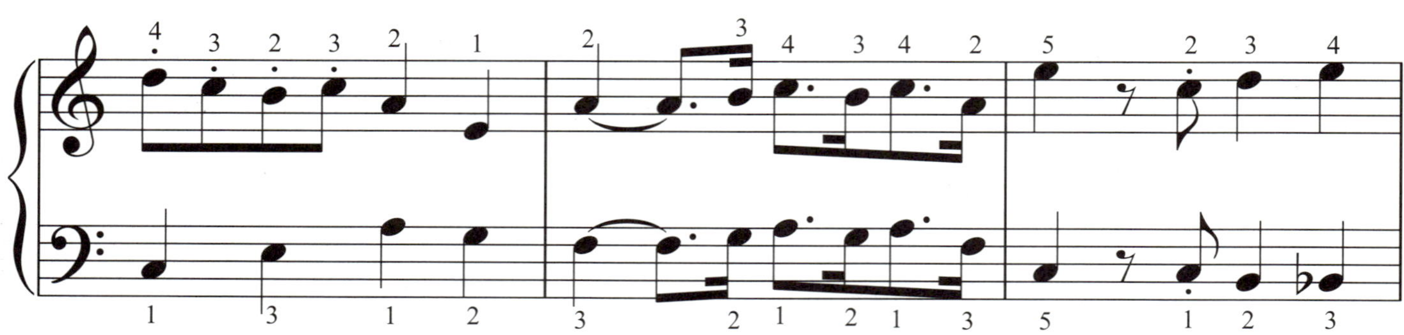

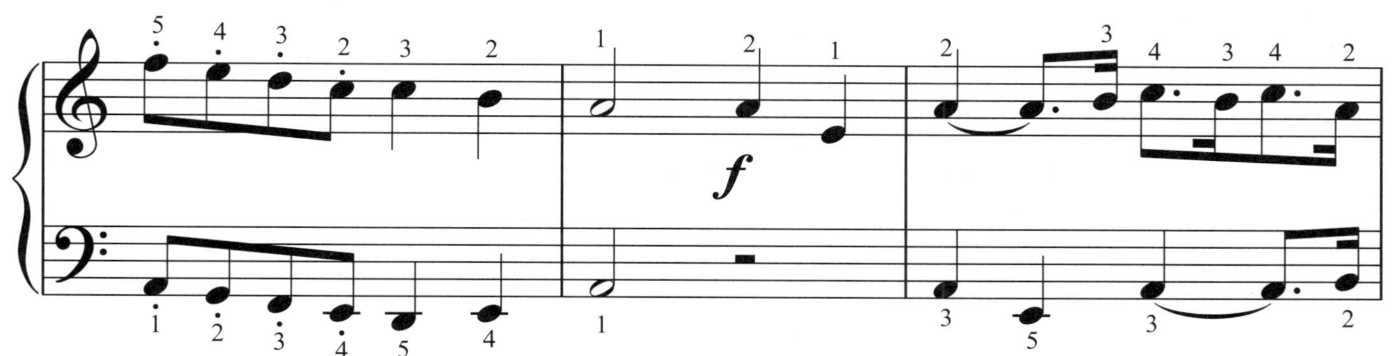

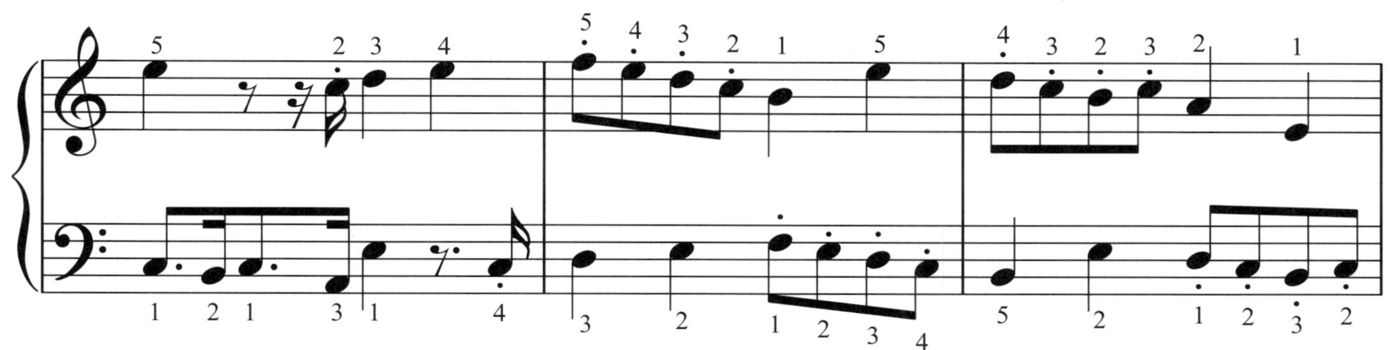

Allegro

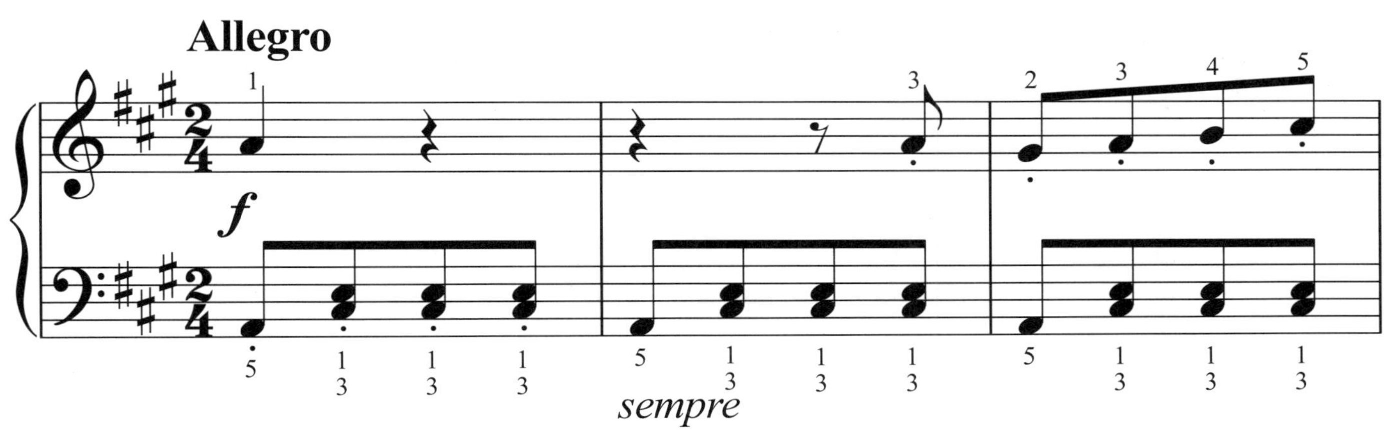

sempre

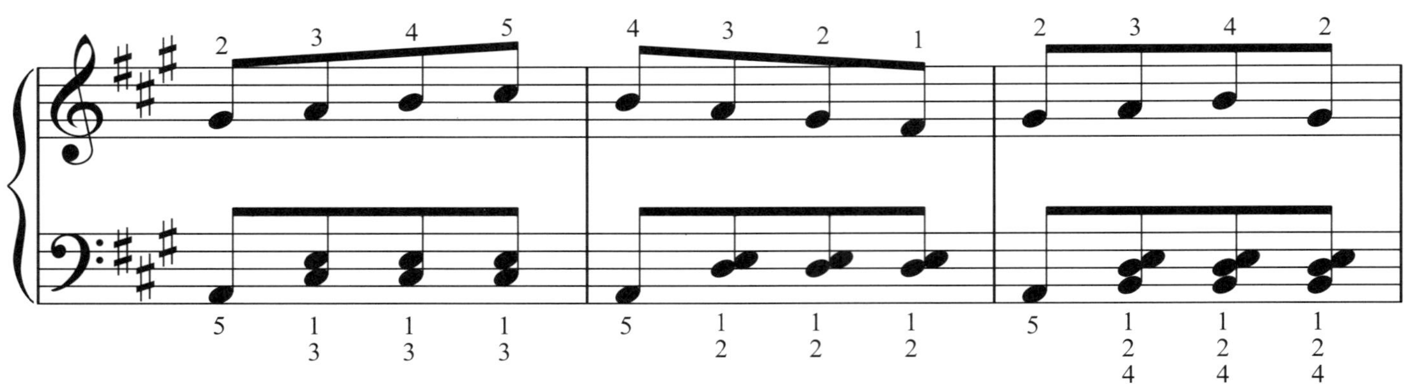

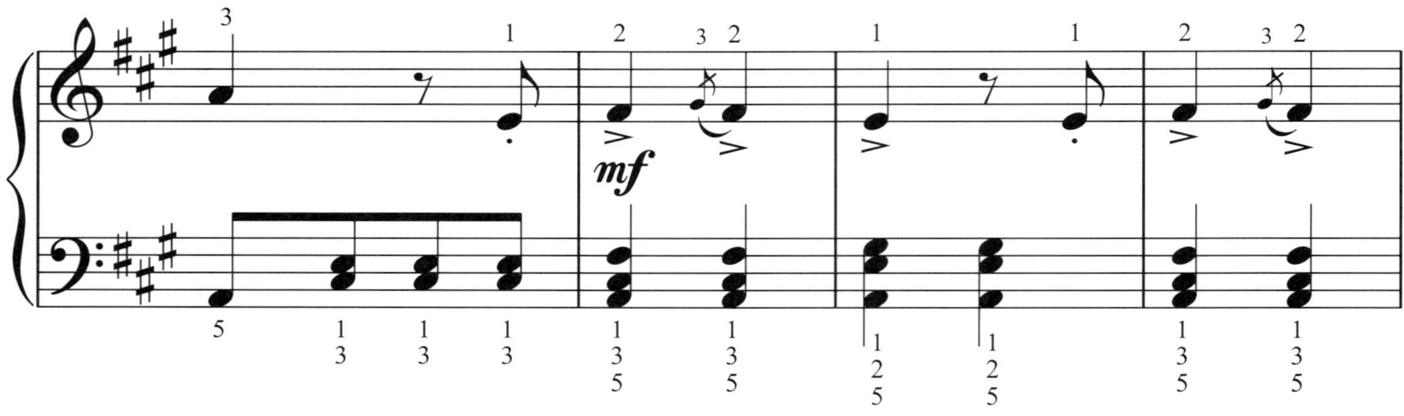
mf

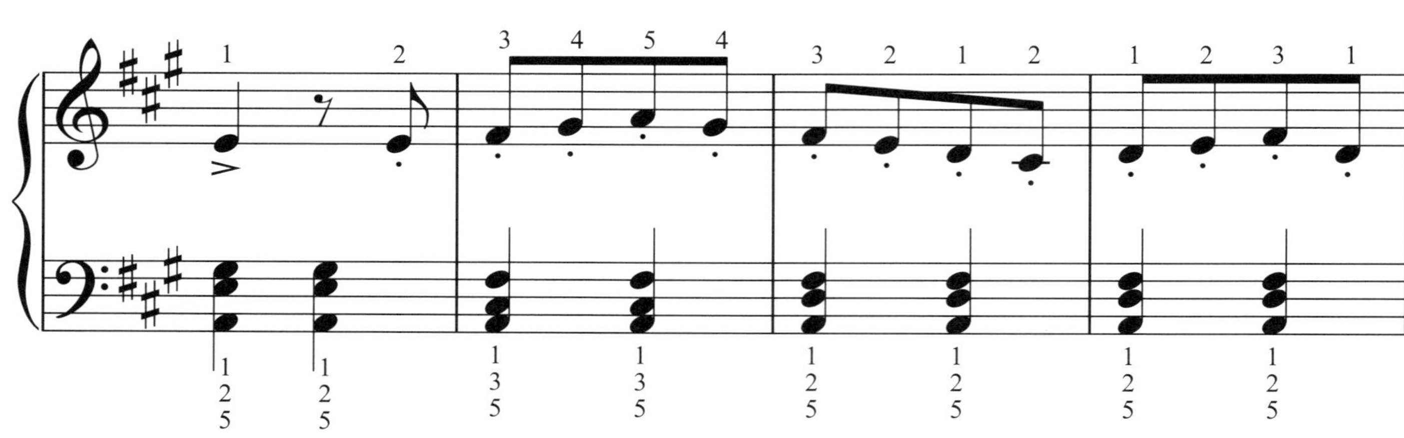

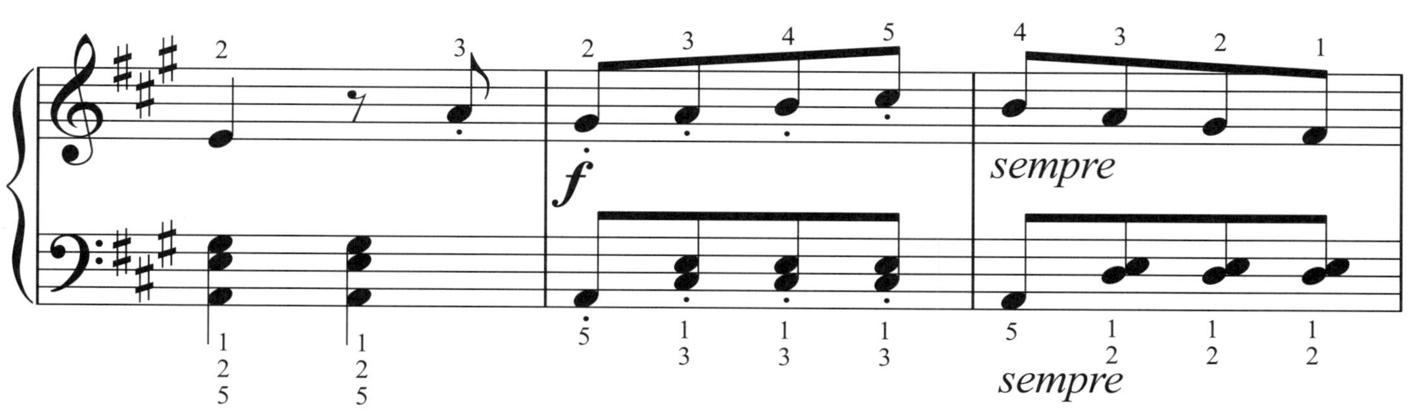
f
sempre
sempre

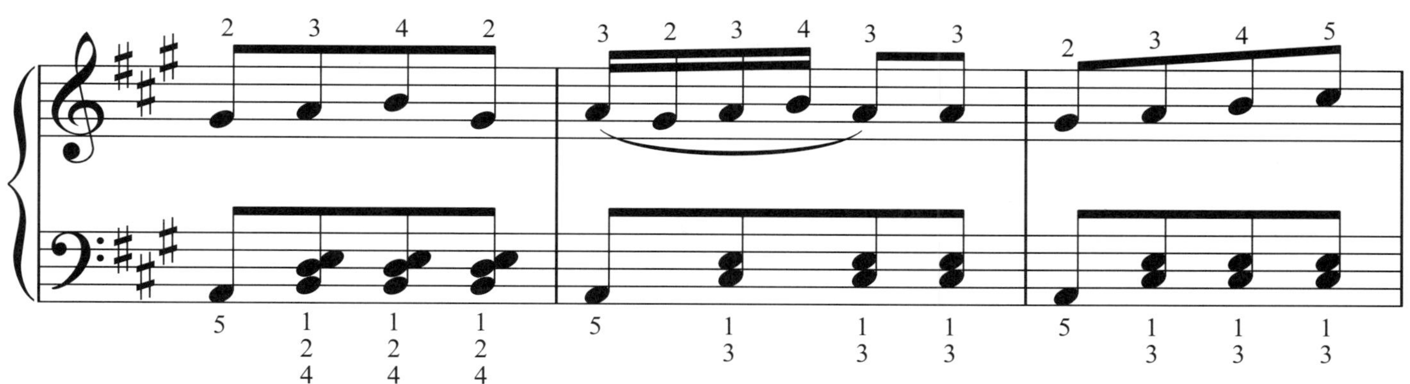

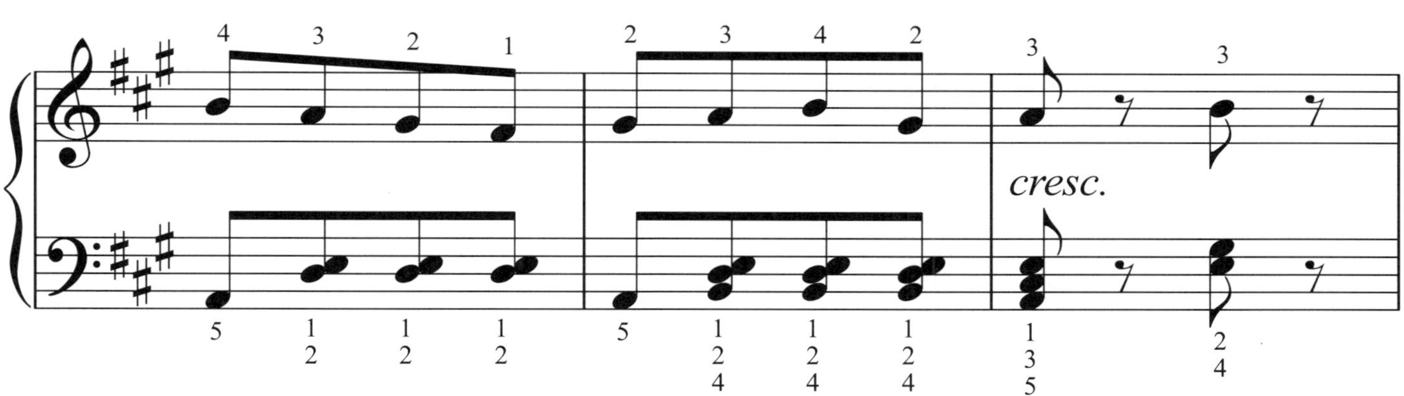
cresc.

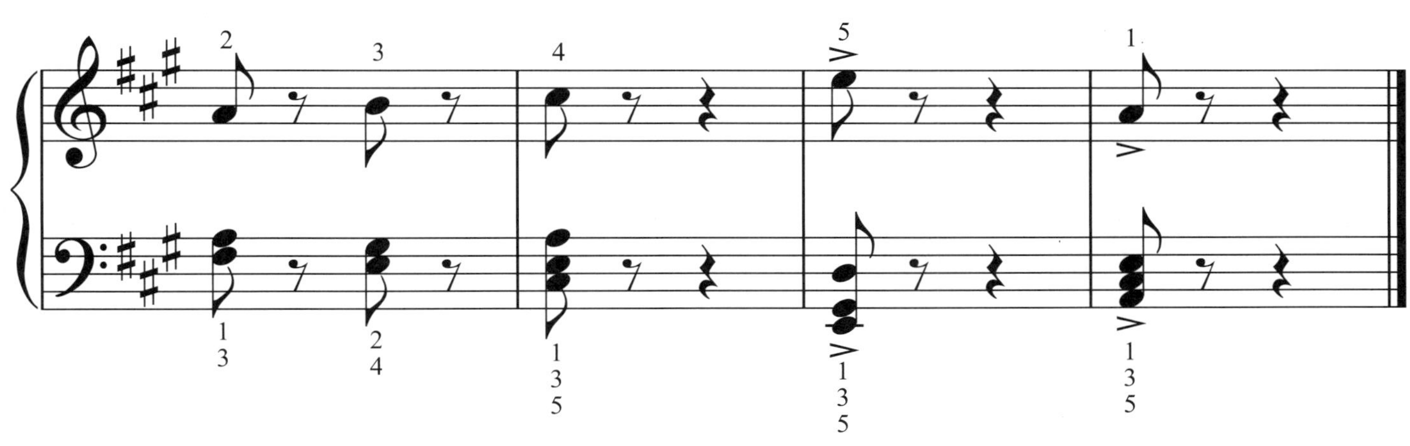

아메리칸 패트롤

American Patrol

미참(1850-1896)

Allegro

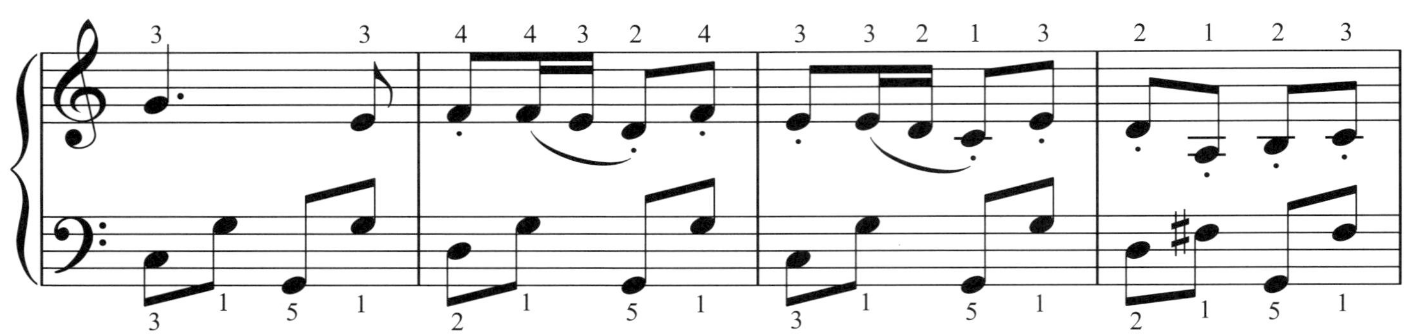

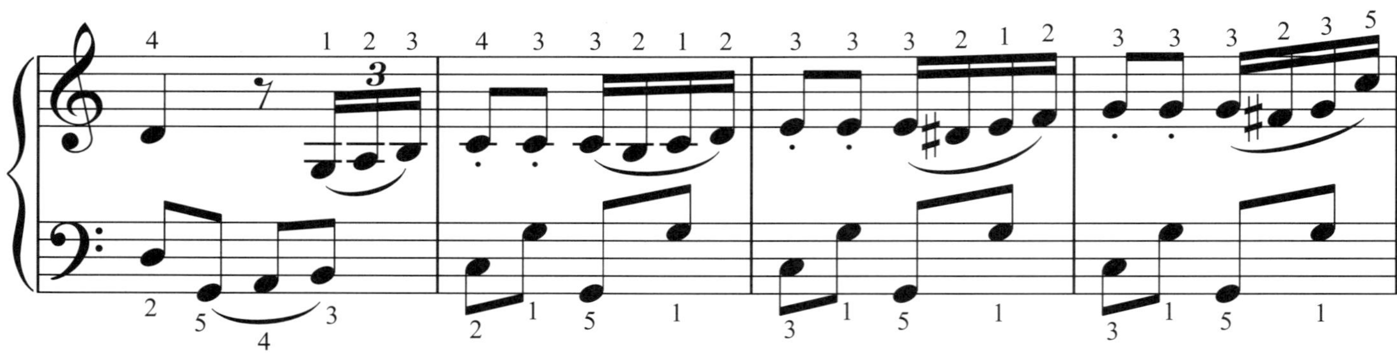

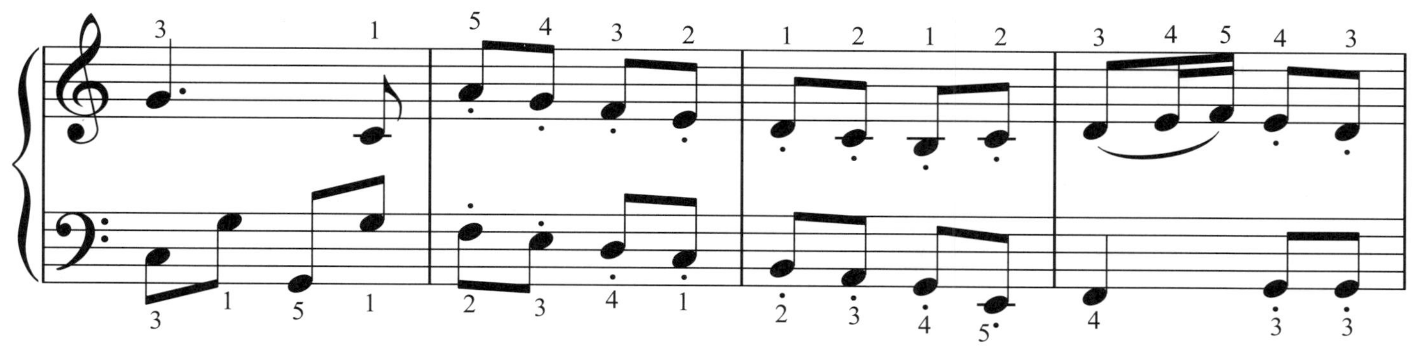
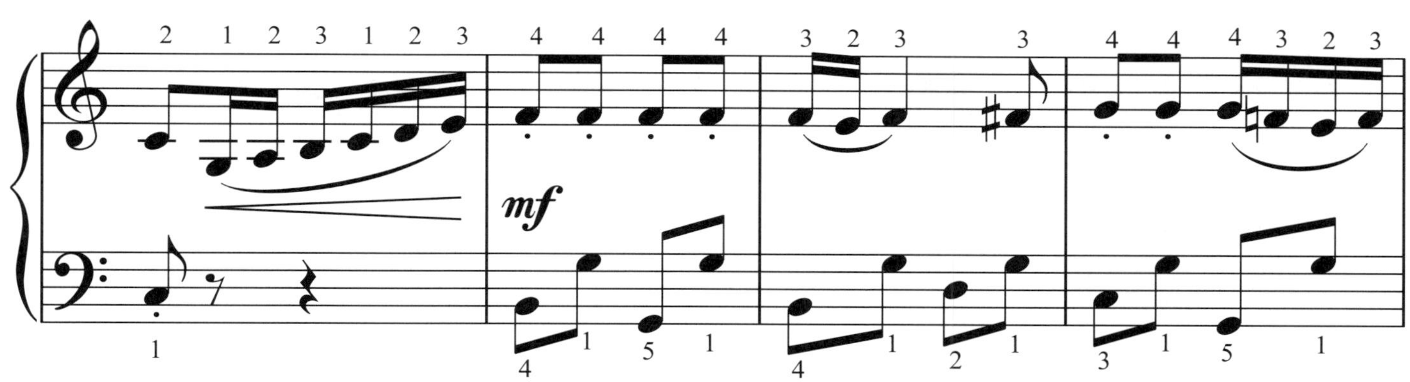
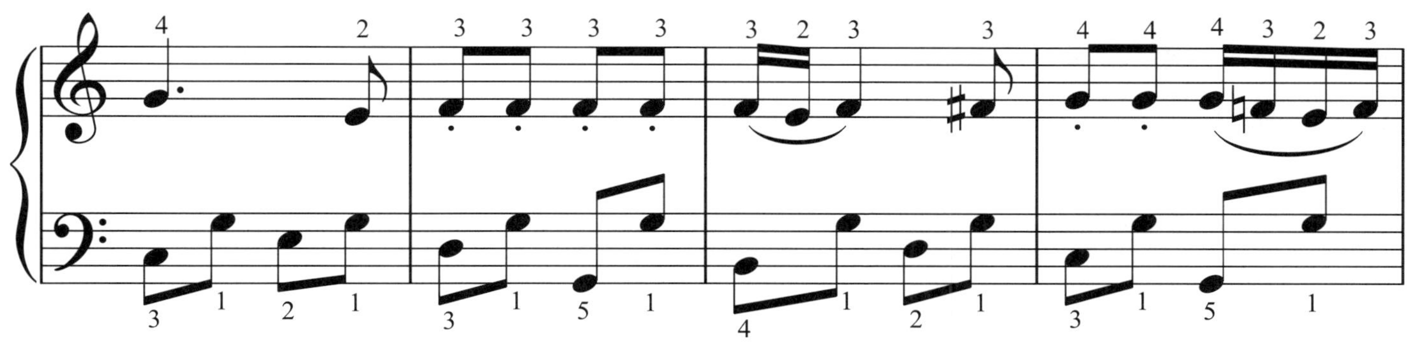
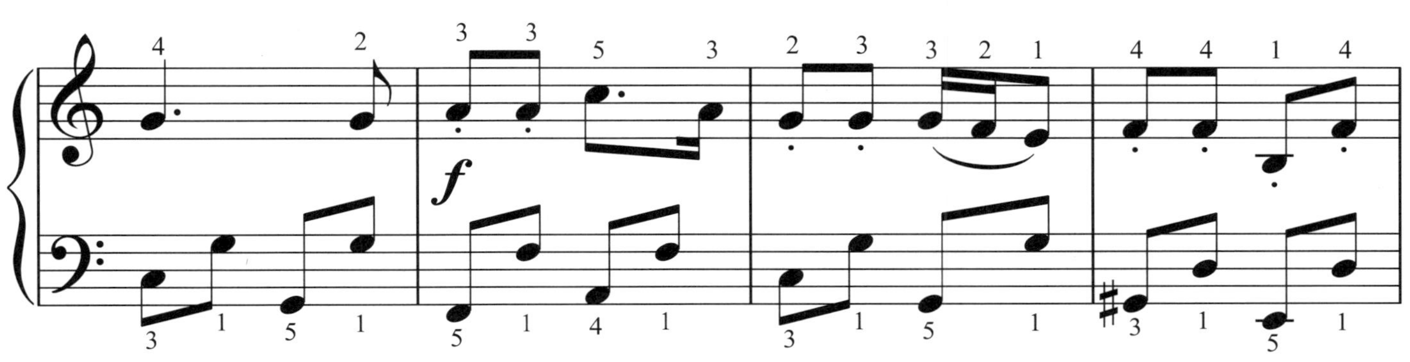

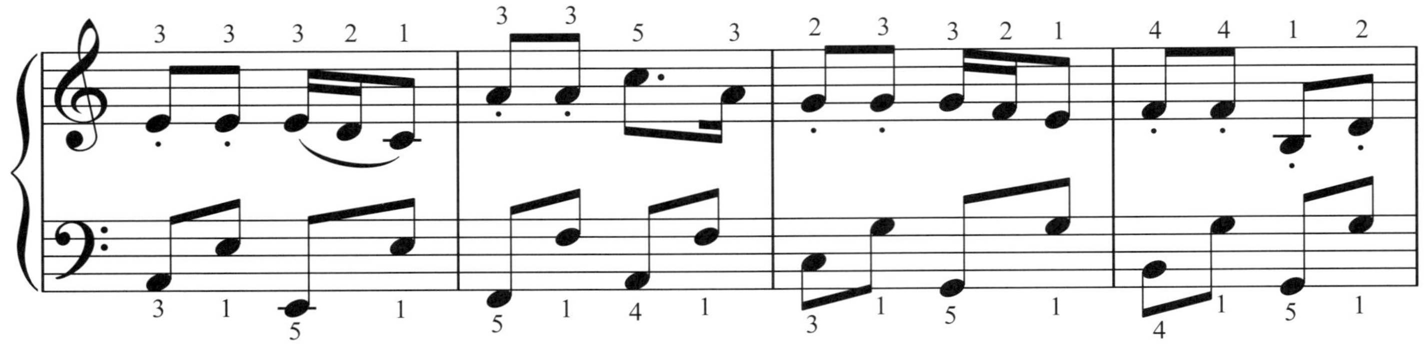

poco a poco cresc.

1.
p

mp
mf

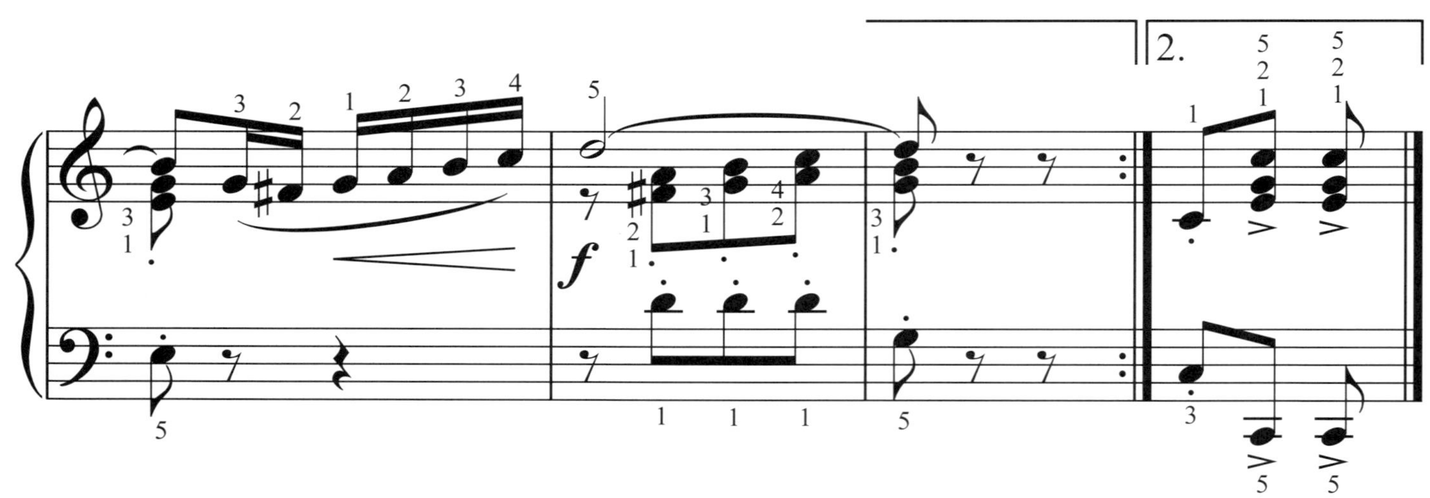

2.
f

정말이지 쉬운 클래식 명곡집

금혼식

La Cinquantaine

가브리엘 마리(1852-1928)

Andantino

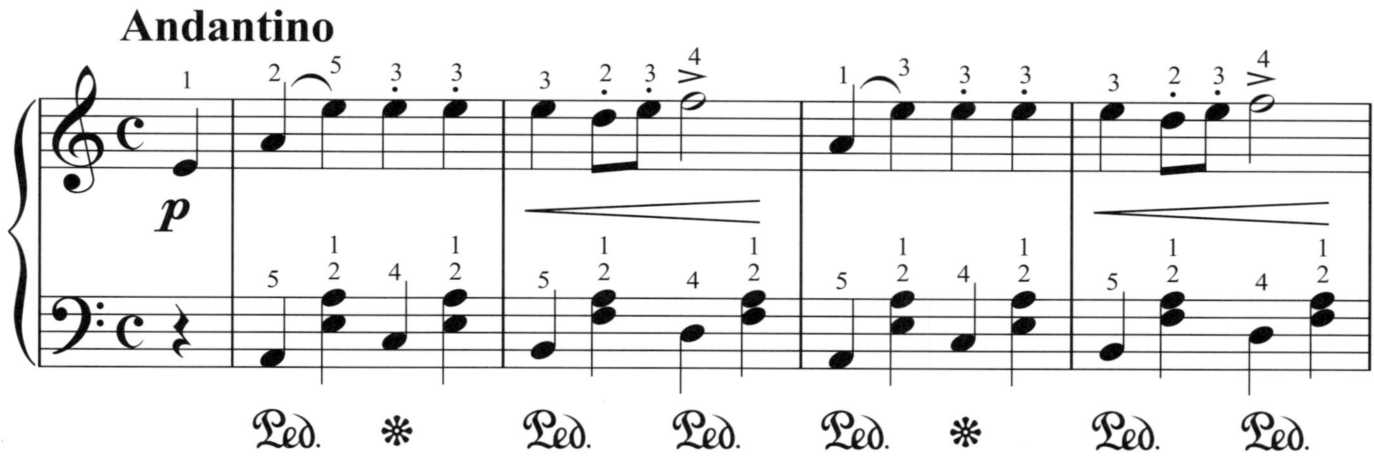

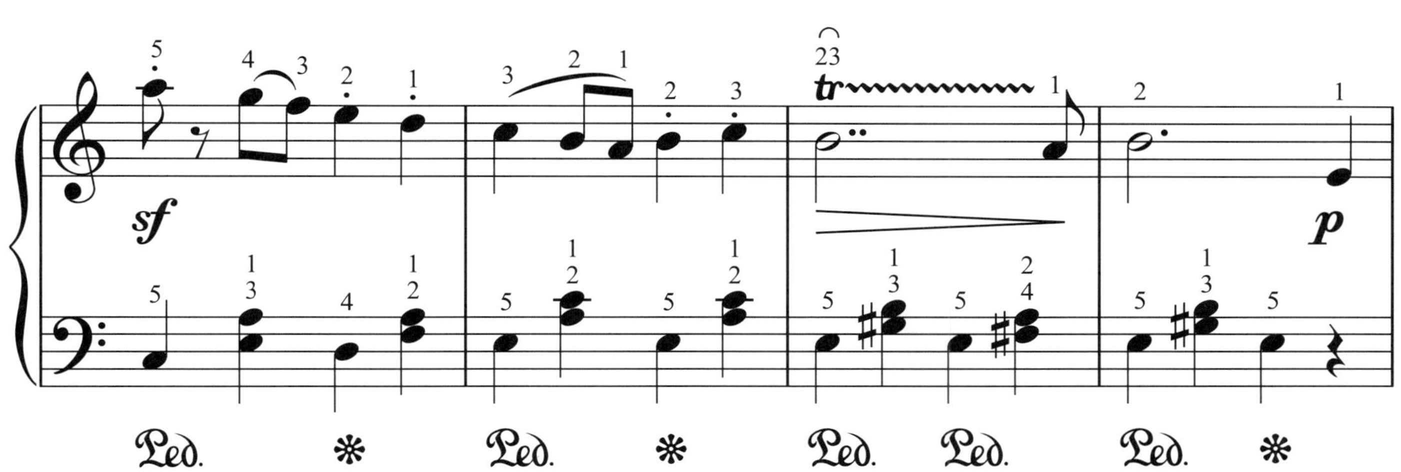

정말이지 쉬운 클래식 명곡집

p
Ped. Ped. Ped. Ped. Ped. Ped. Ped. Ped.
f
p
Ped. Ped. Ped. Ped. Ped. Ped. Ped. Ped.
Ped. * Ped. Ped. Ped. * Ped. Ped.
sf
tr
Ped. * Ped. * Ped. Ped. Ped. *

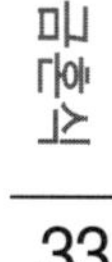
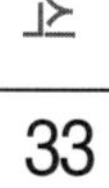

사랑의 기쁨

Piacer D'amor

마르티니(1706-1784)

Andantino cantabile

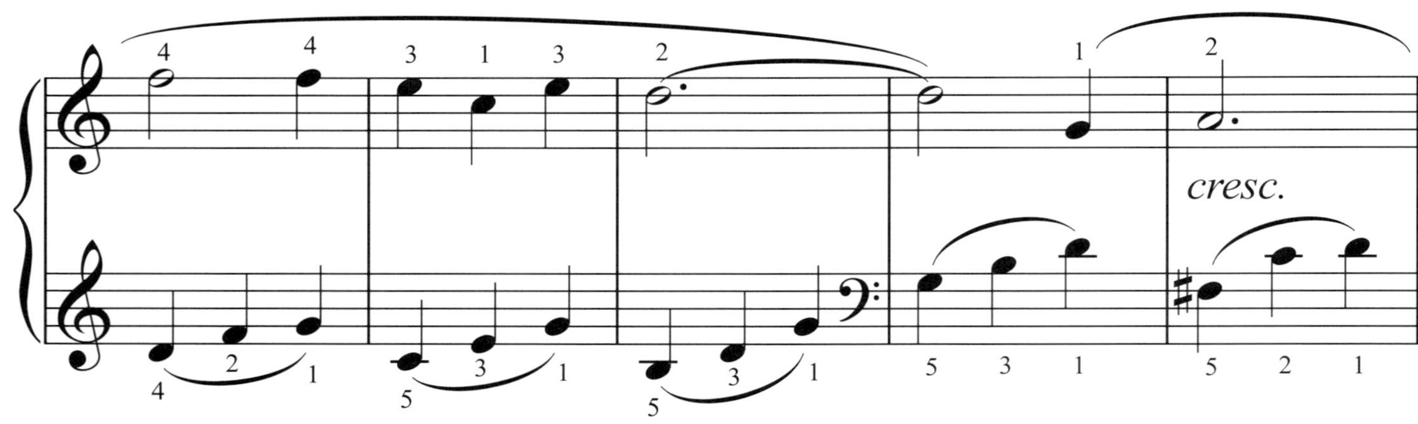

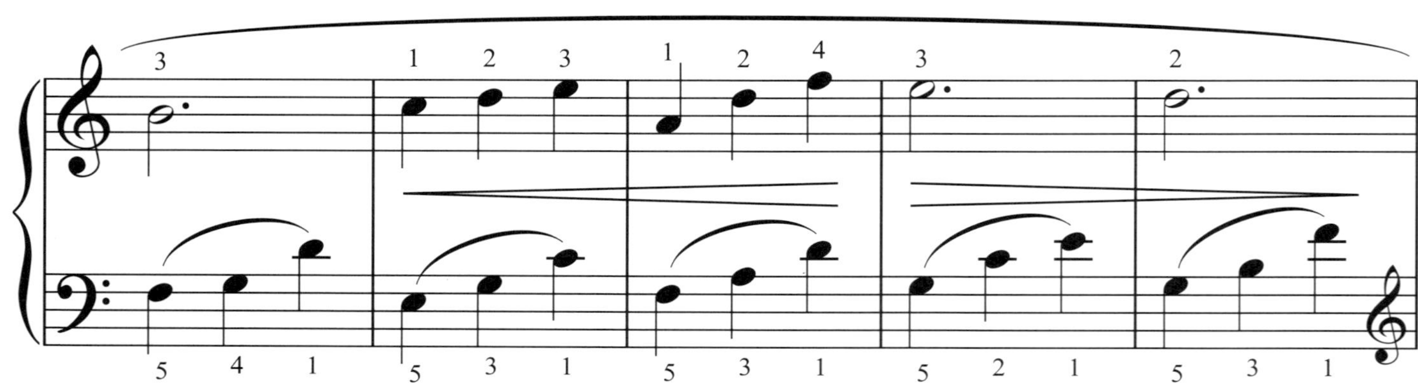

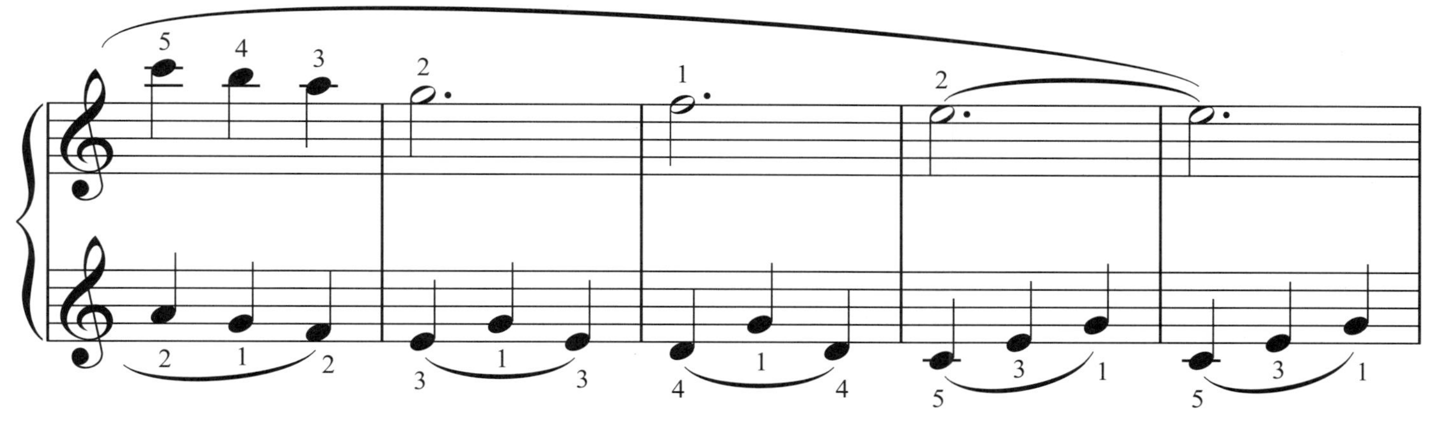

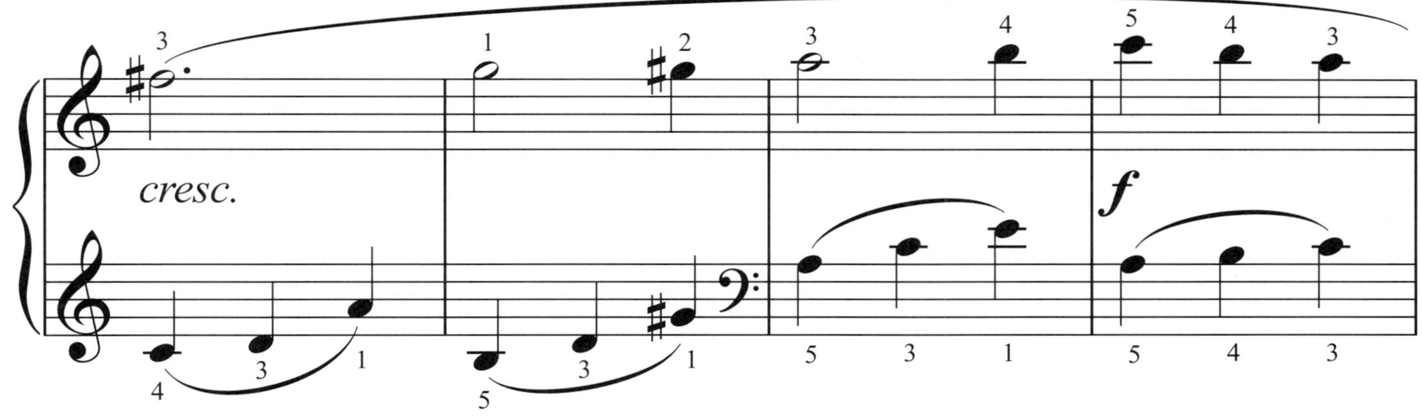

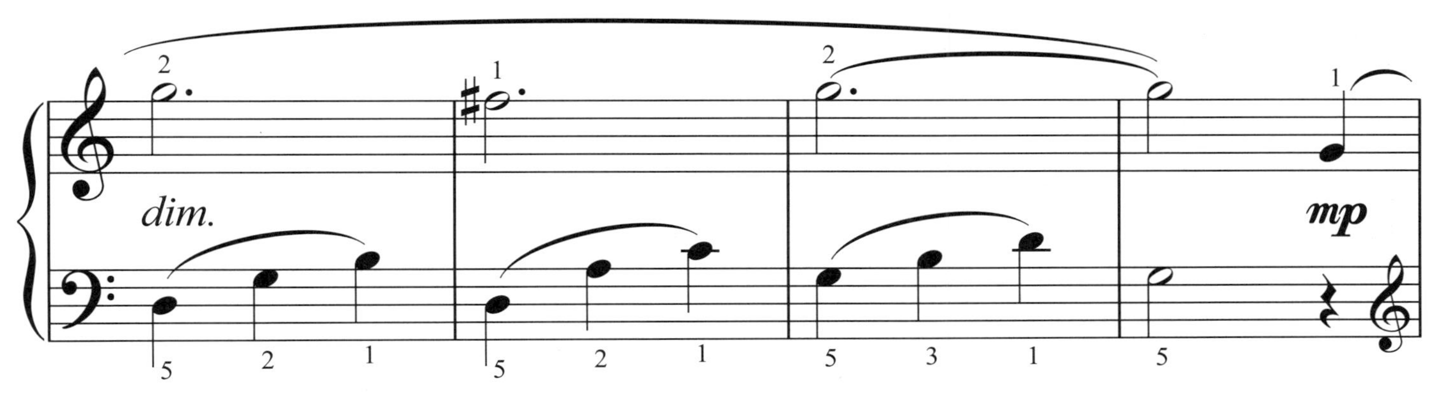

사랑의 기쁨

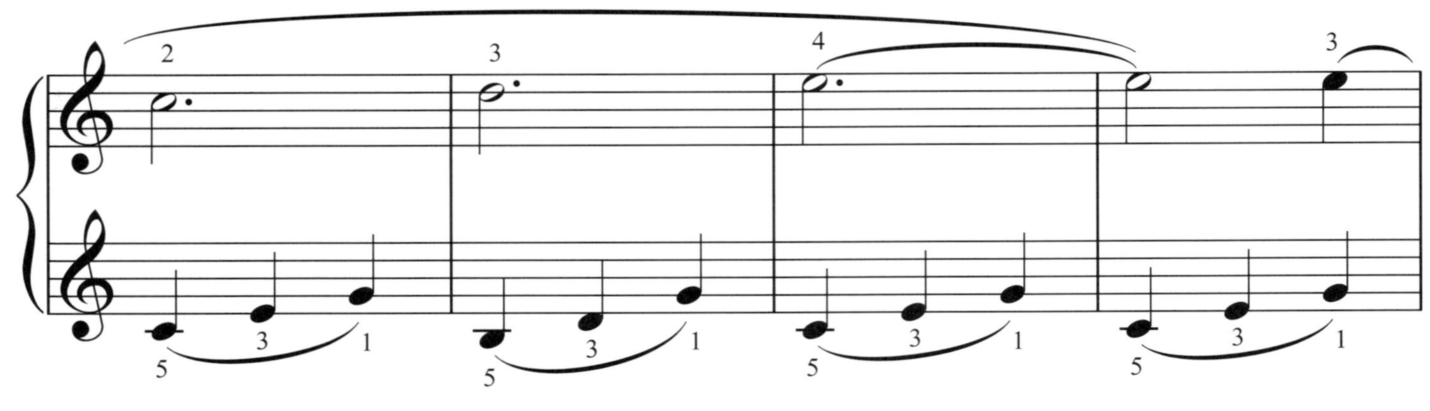

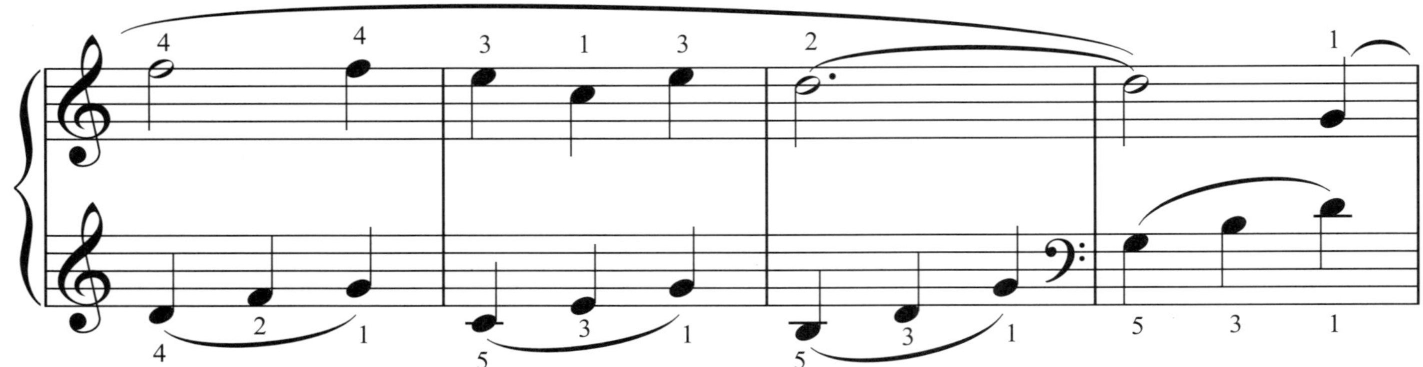

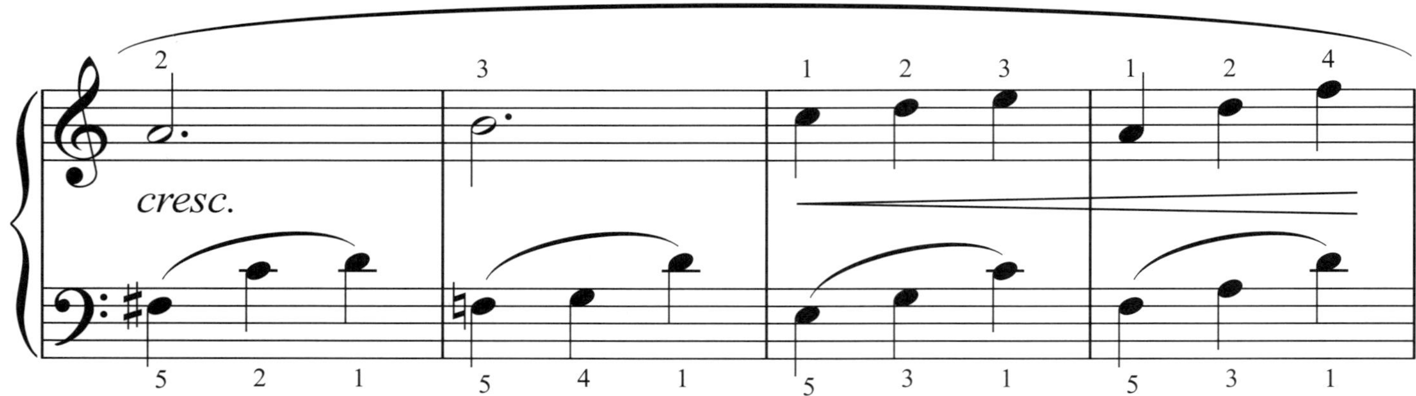
cresc.

축혼 행진곡

Hochzeitsmarch

멘델스존(1809-1847)

Allegro vivace

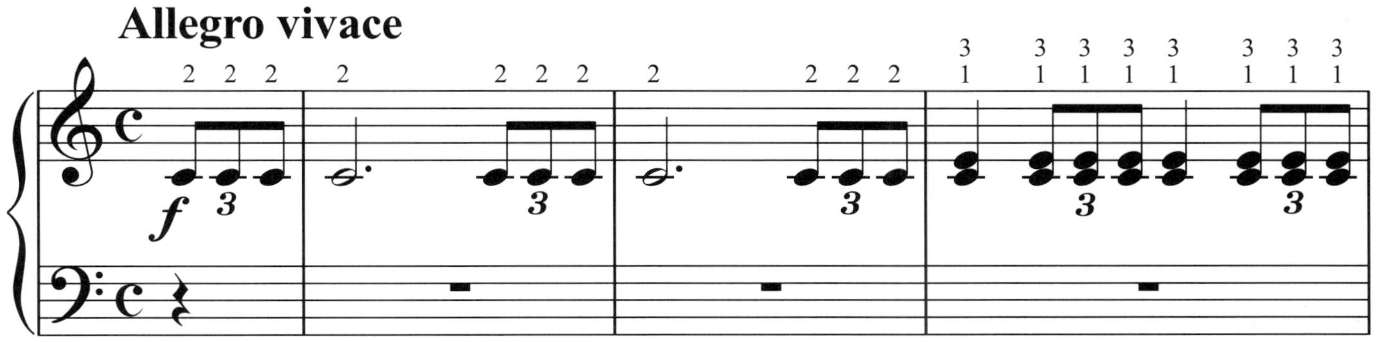

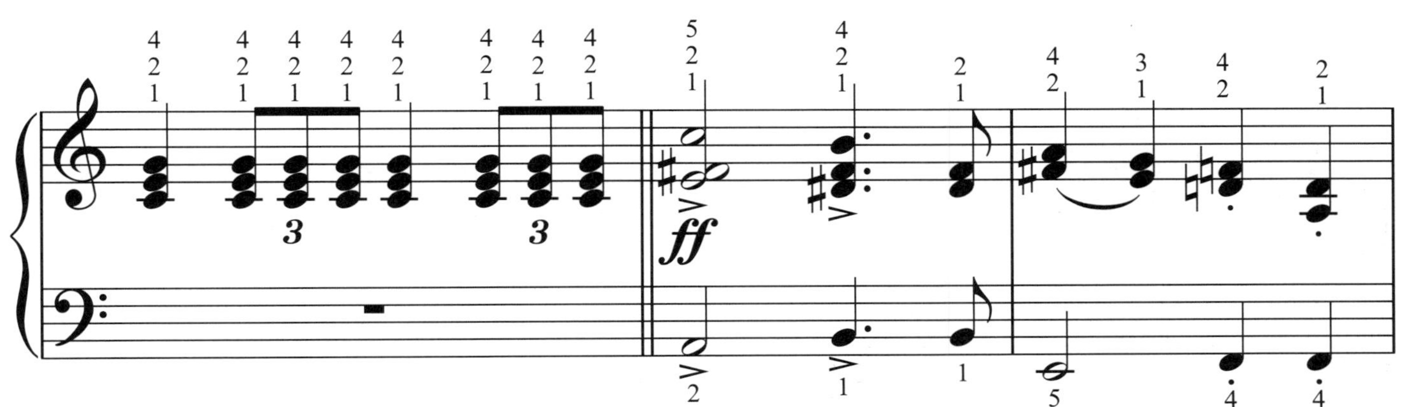

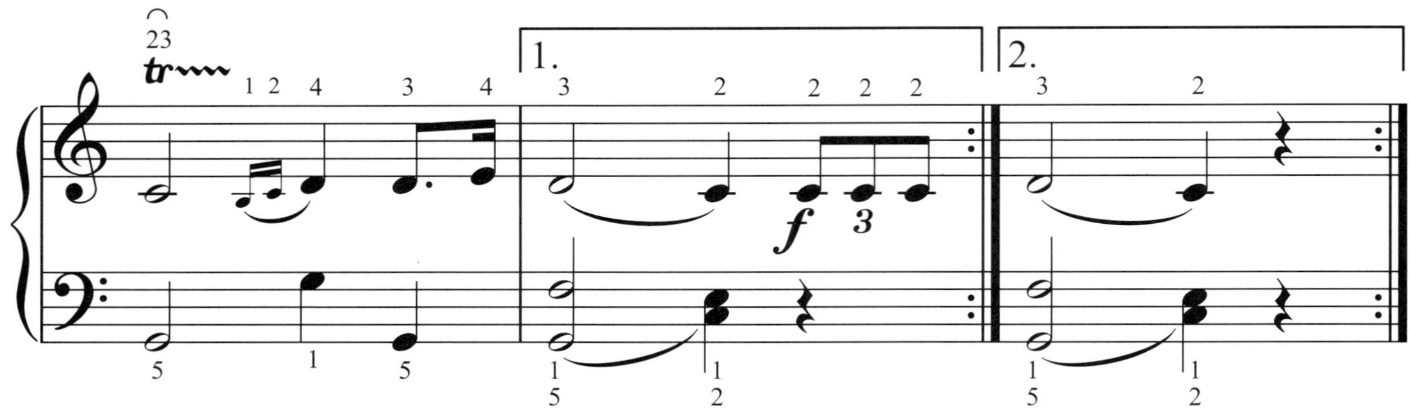
1.
2.

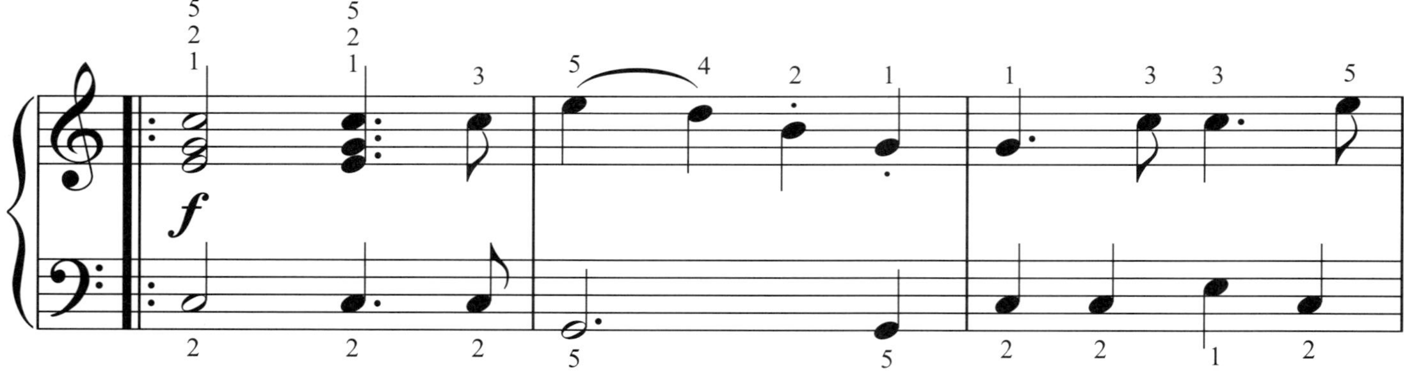

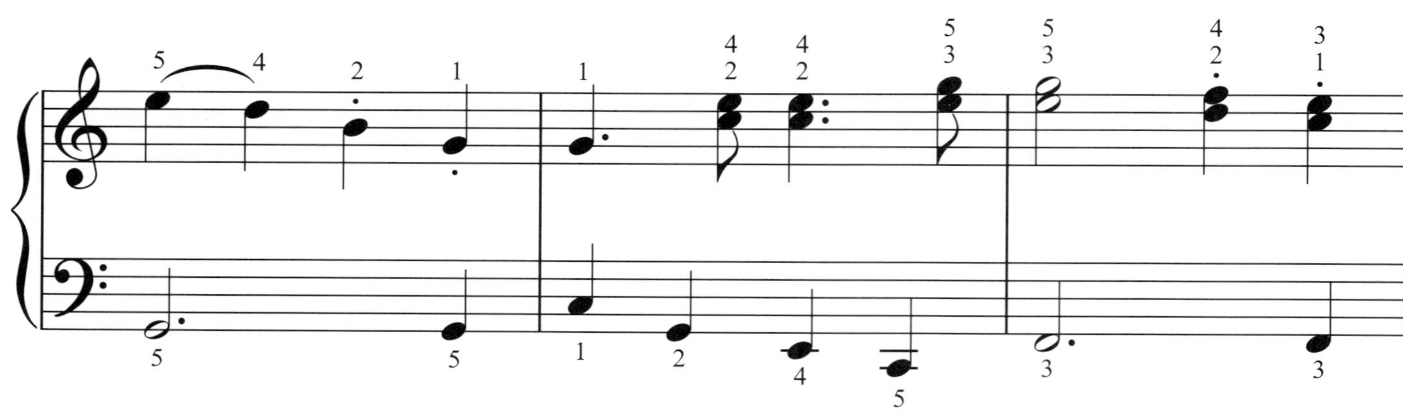

정말이지 쉬운 클래식 명곡집

ff
23
tr
ff
1.
2.
rit.
39

아베마리아

Ave Maria

구노(1818-1893)

Moderato

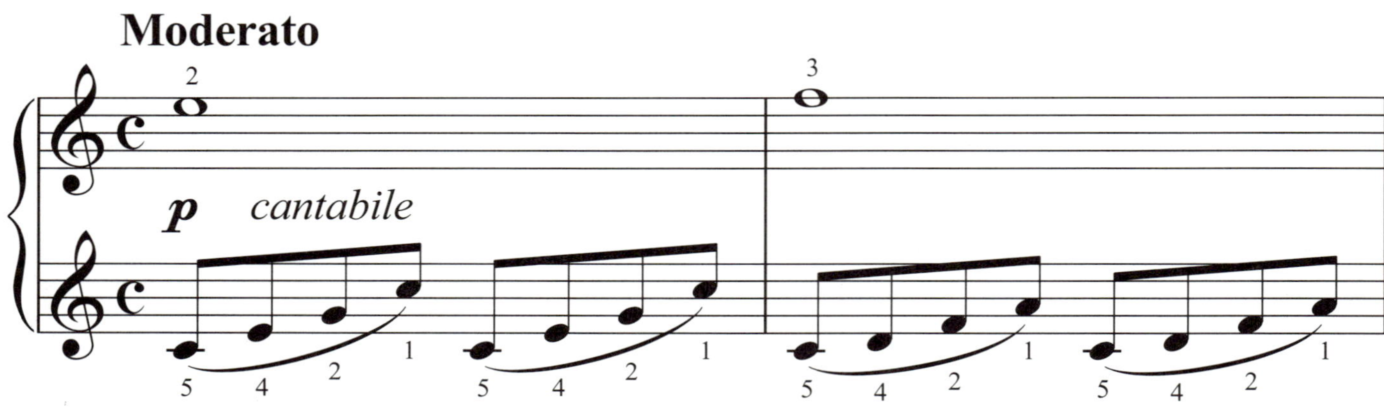

정말이지 쉬운 클래식 명곡집
42

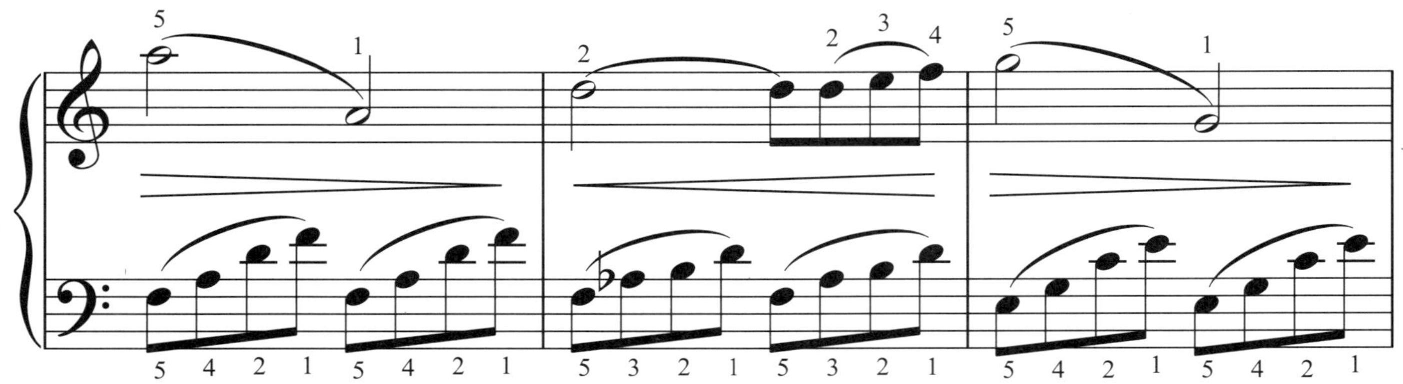

cresc.

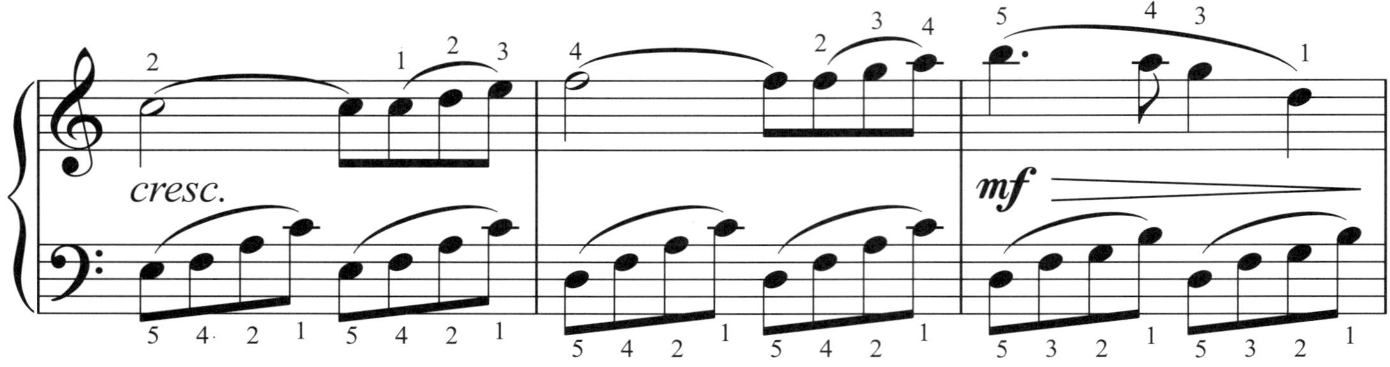

mf

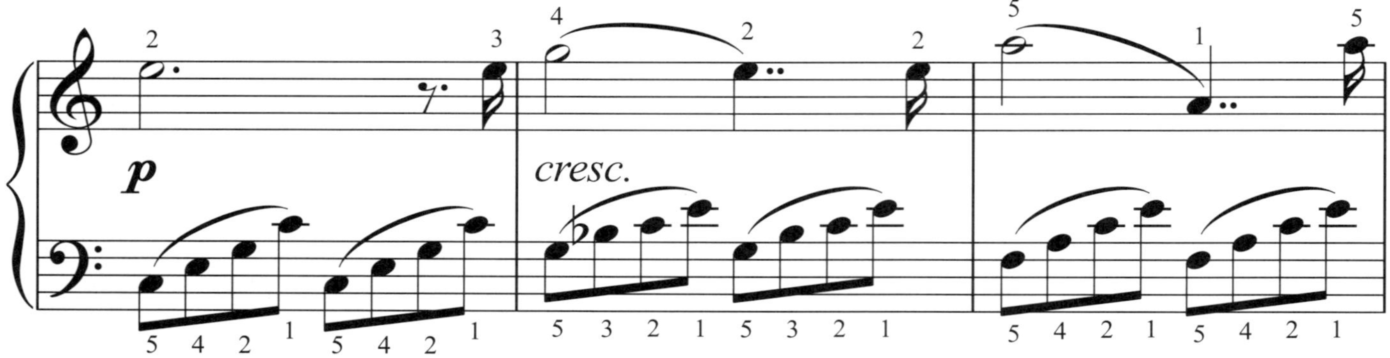

p
cresc.

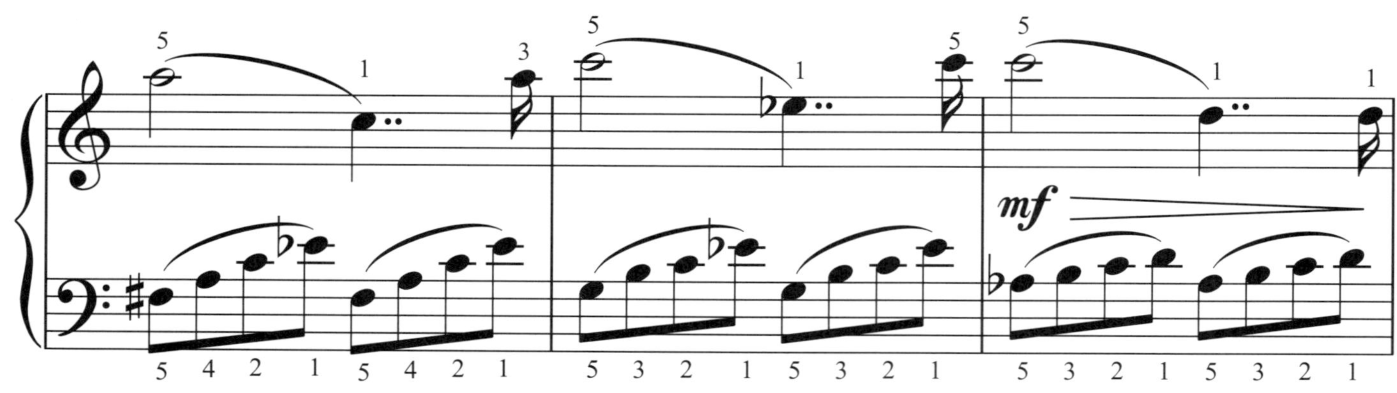

mf

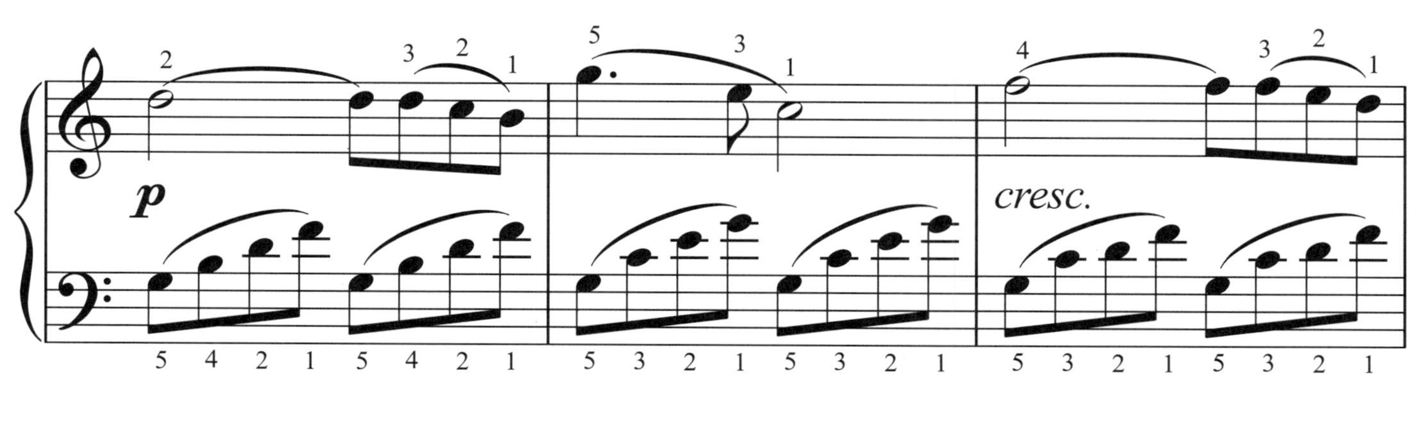

p
cresc.

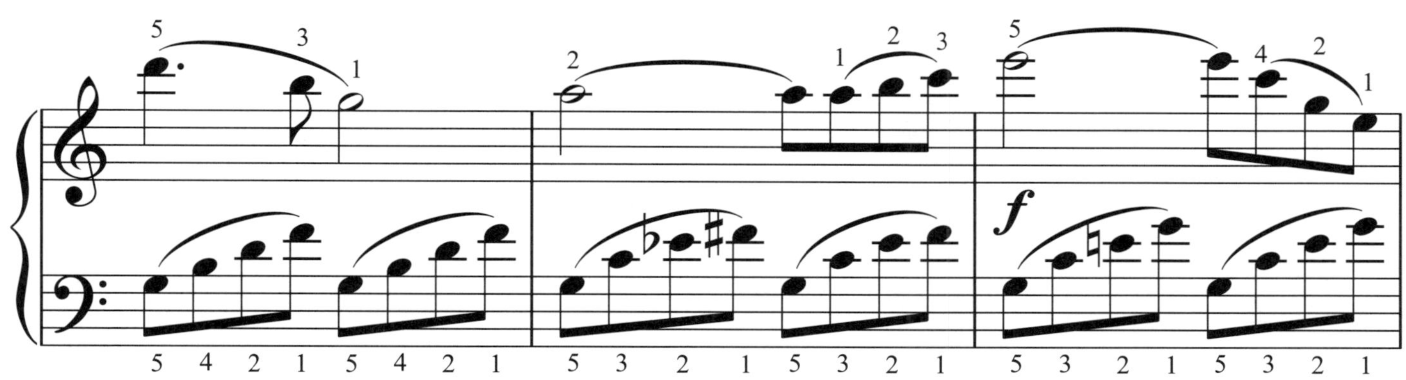

f

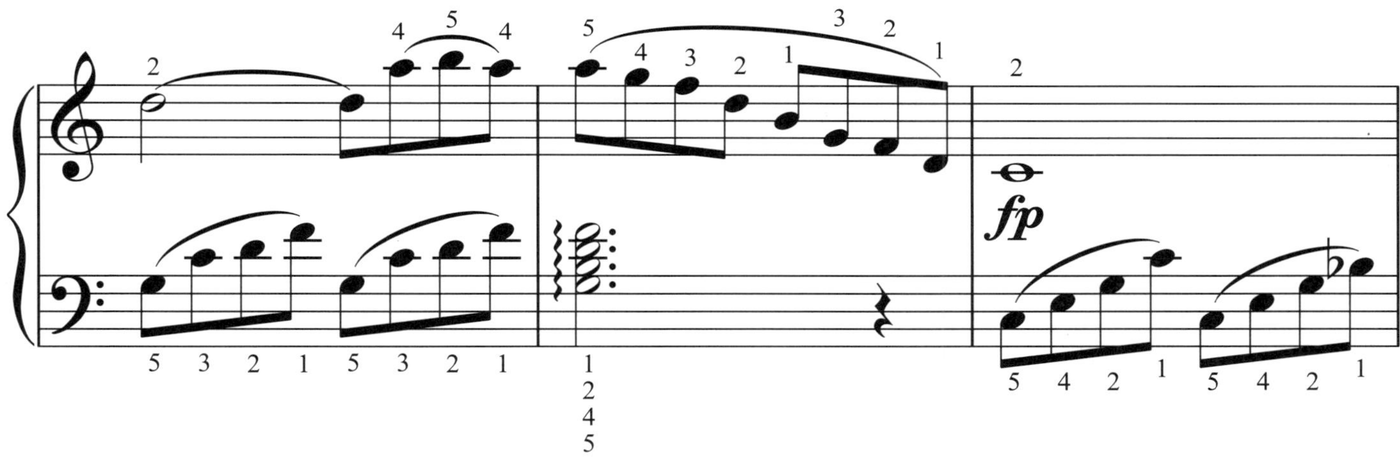

fp

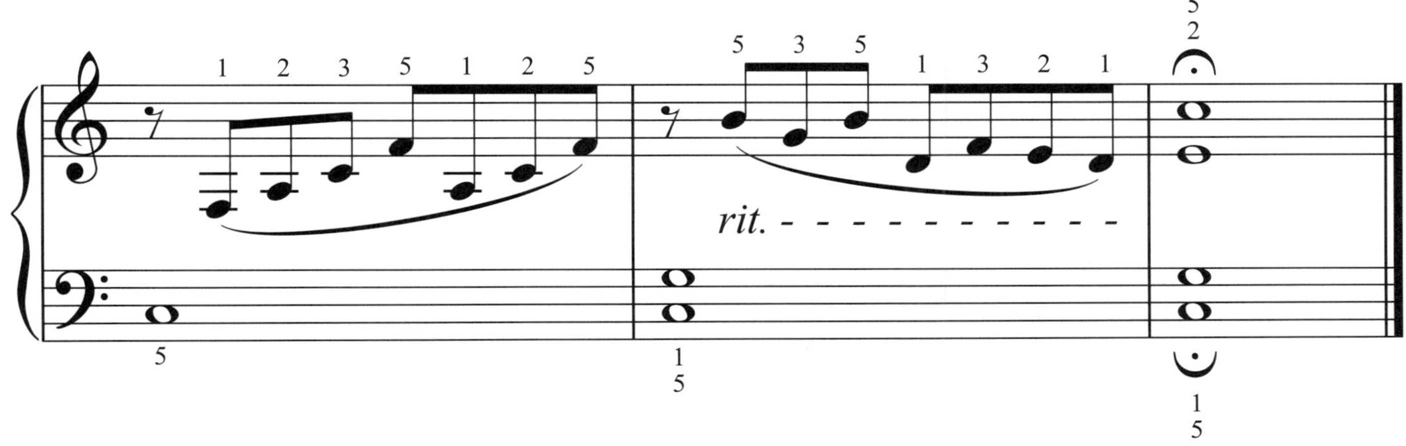

rit. - - - - - - - - - - -

미완성 교향곡 제1악장

Sinfonie No.8 "Die Unvollendate"

슈베르트(1797-1828)

Allegro moderato

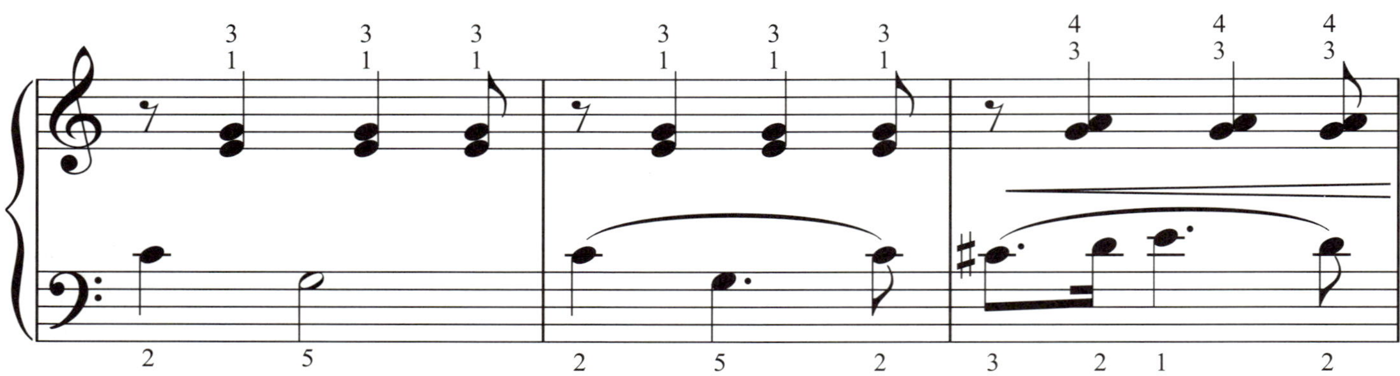

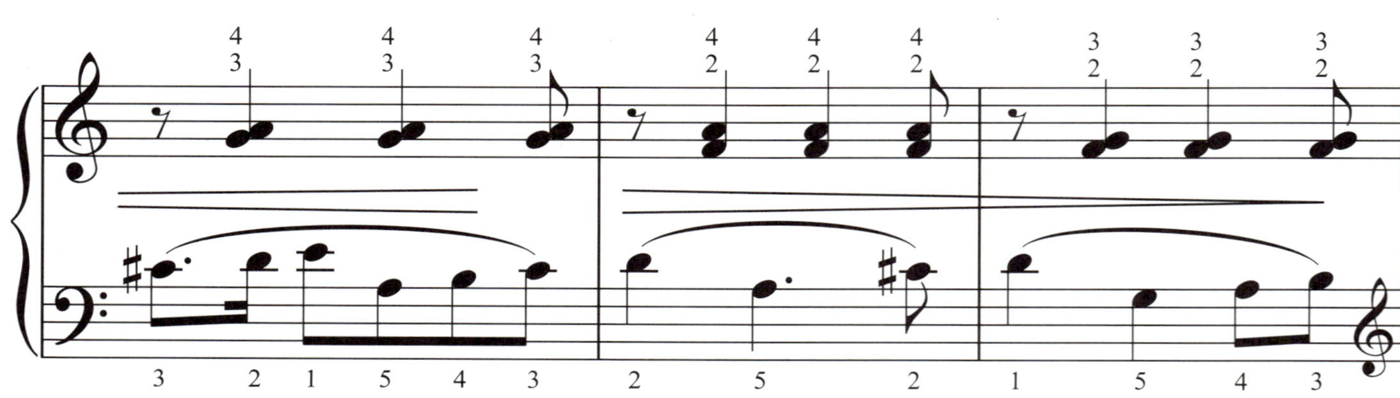

mf

비창 교향곡 제1악장

Symphonie No.6 "Pathétique"

차이콥스키(1840–1893)

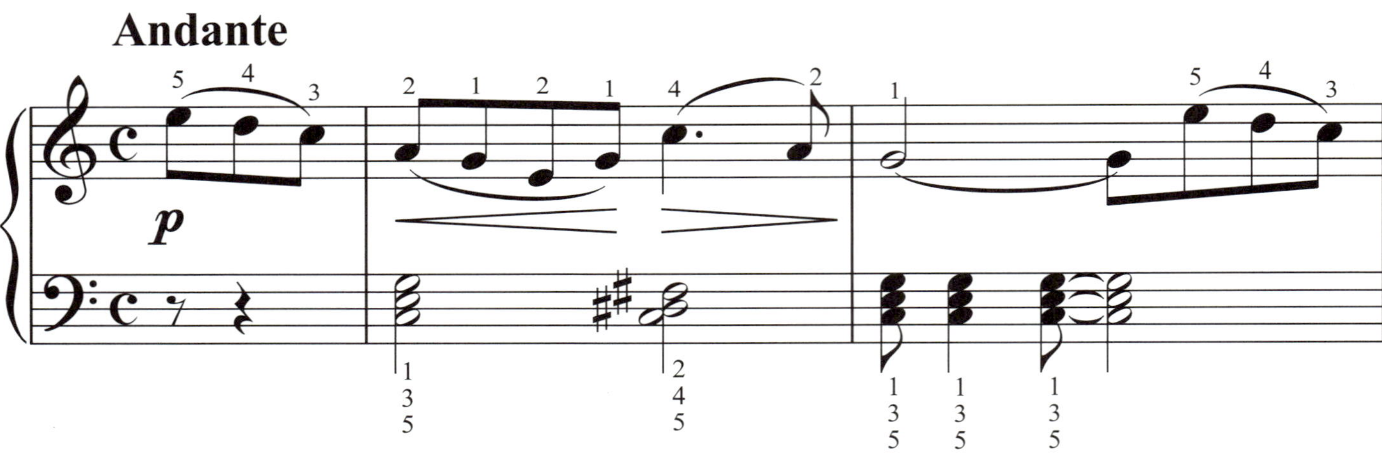

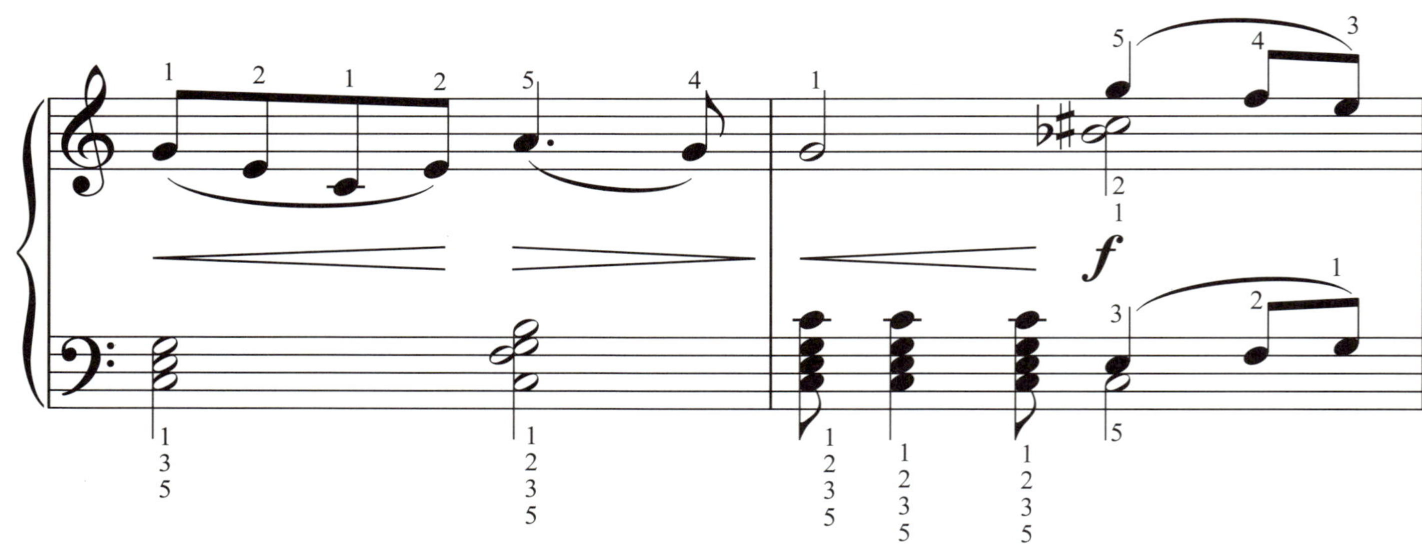

비창 교향곡 제1악장
mf
f
mf
p

교향곡 40번 제1악장

Symphonie No.40 K.550

모차르트(1756-1791)

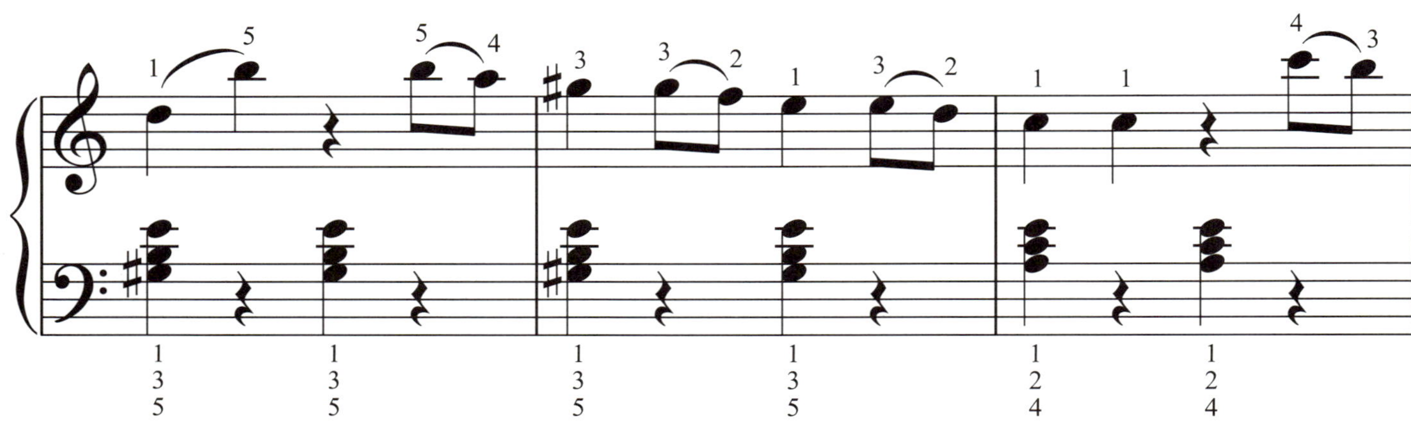

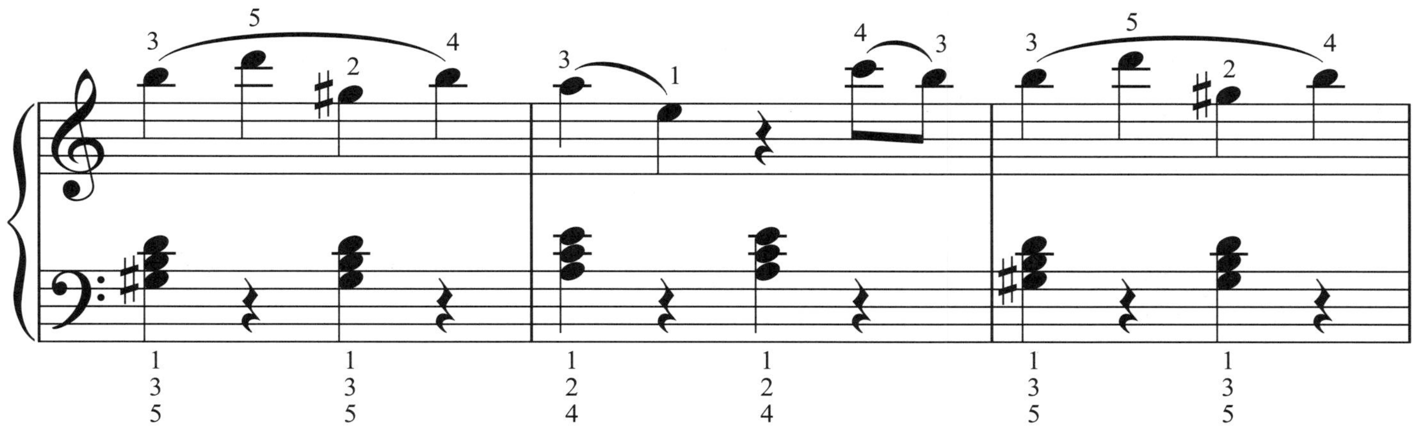

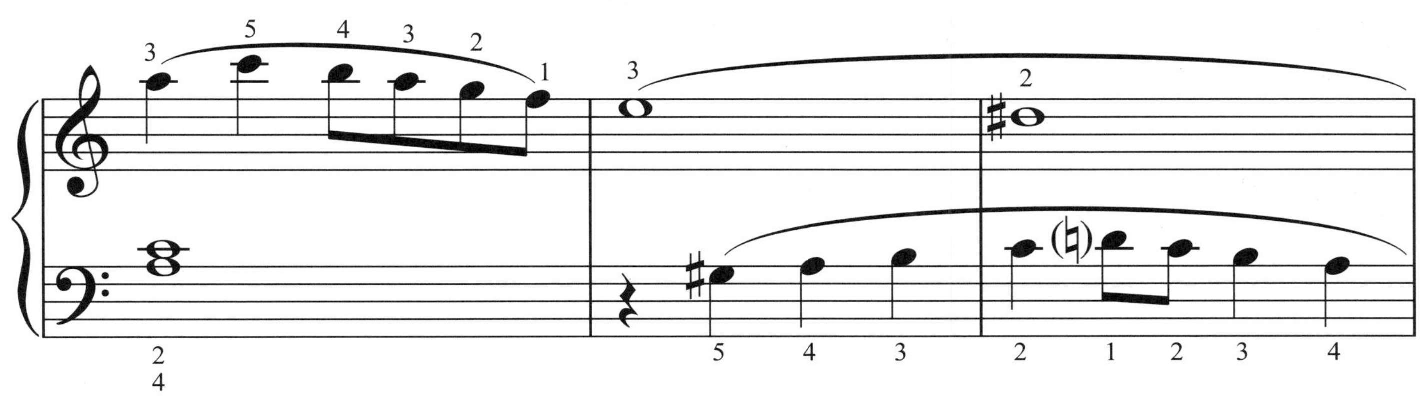

교향곡 40번 제1악장

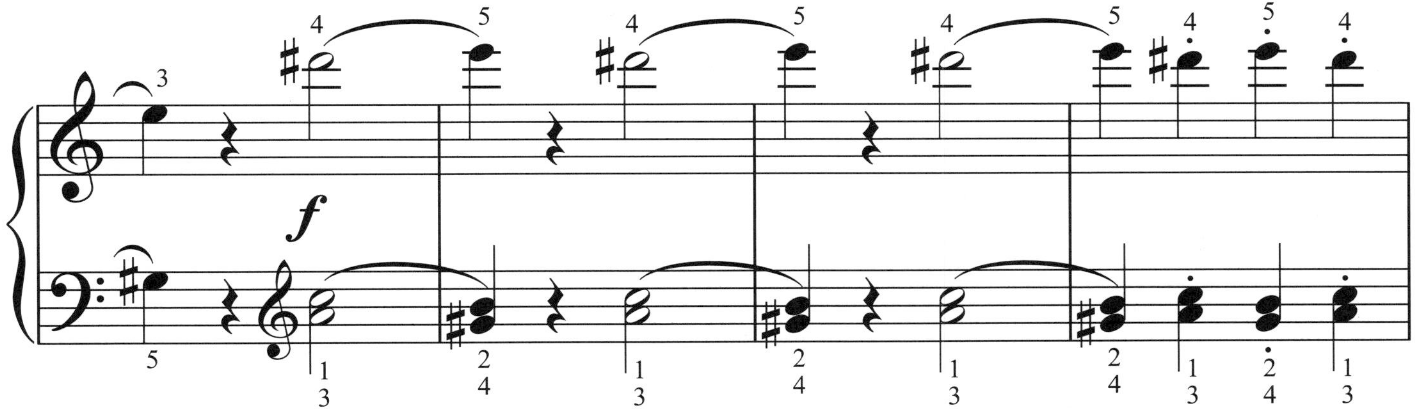

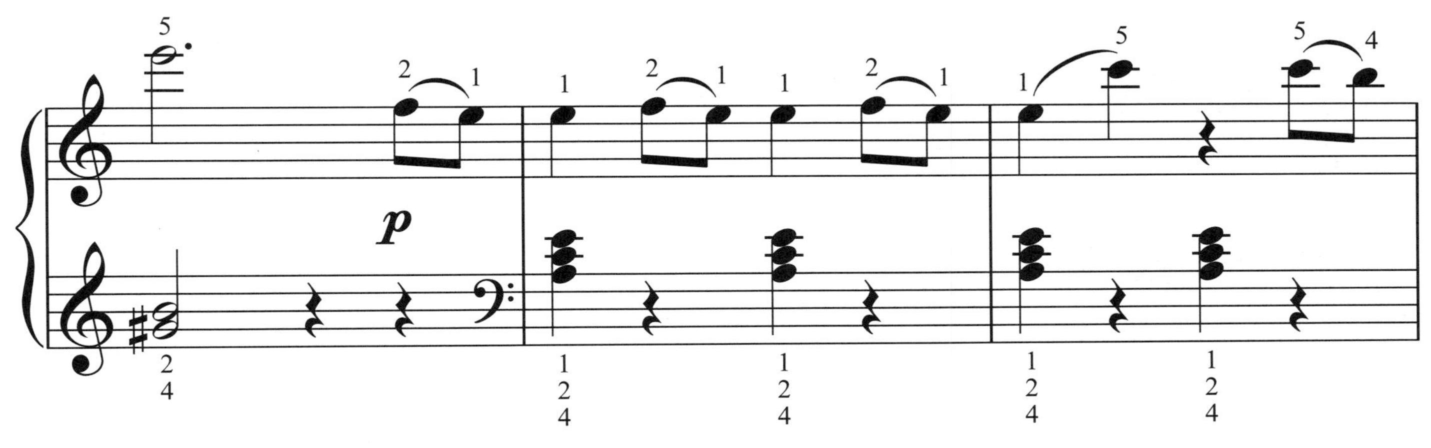

정말이지 쉬운 플래쉬 명곡집
50

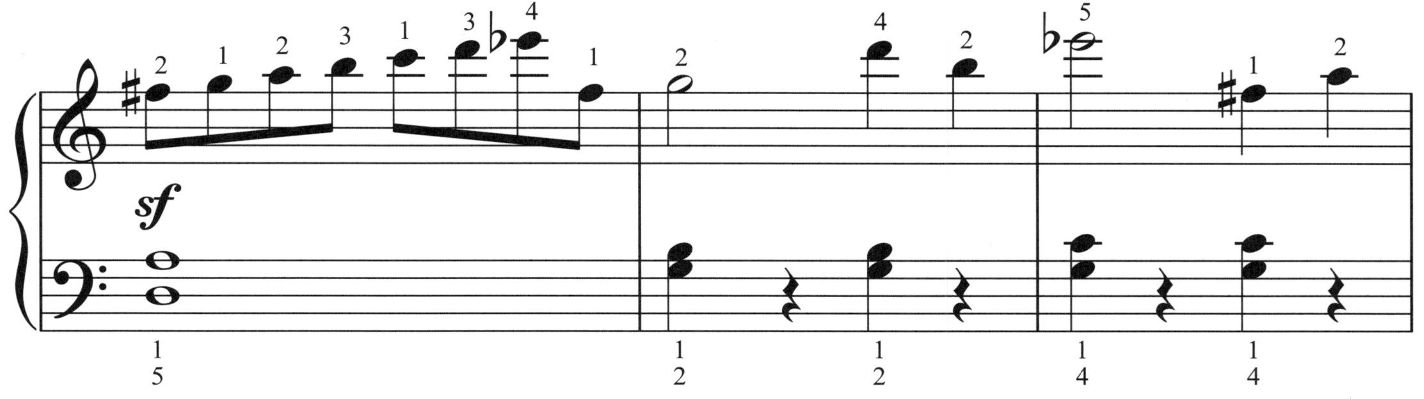
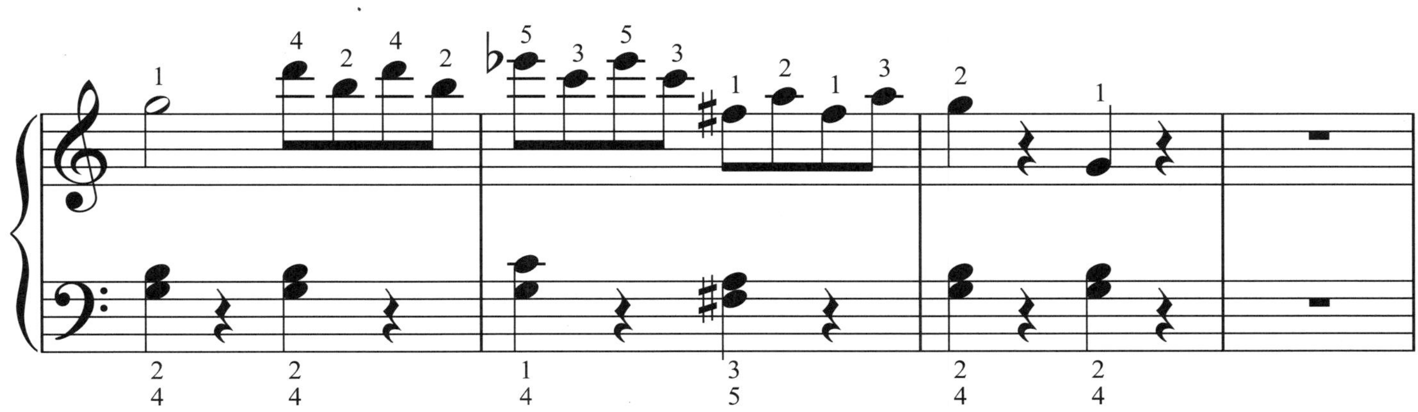

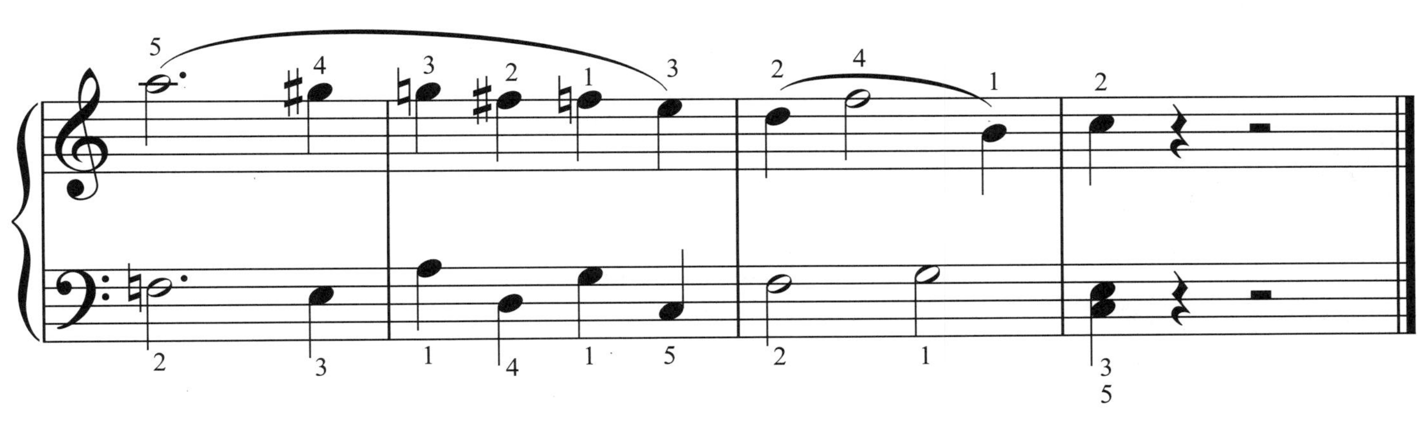
교향곡 40번 제1악장

신세계 교향곡 제2악장

Symphony No.9 "From The New World"

드보르자크(1841-1904)

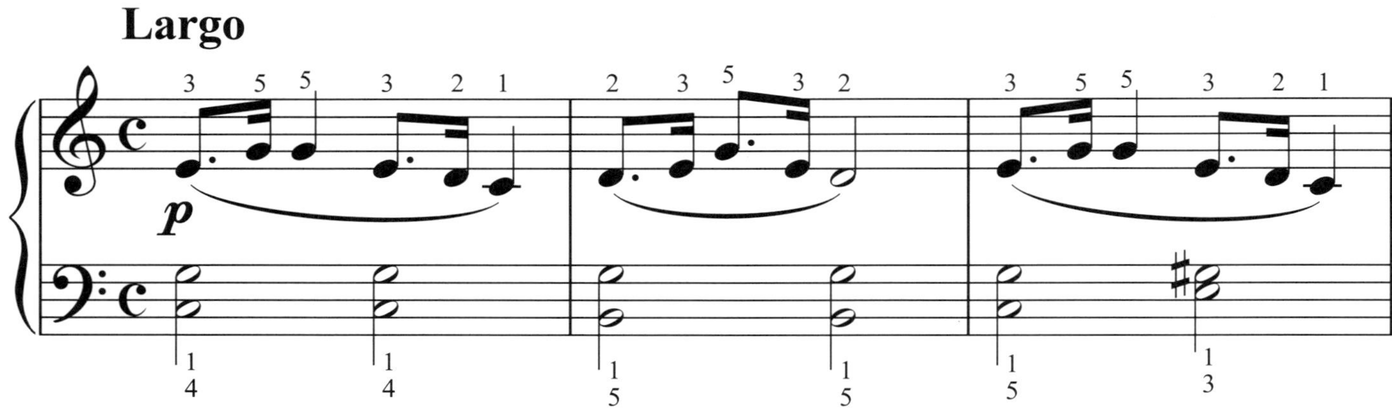

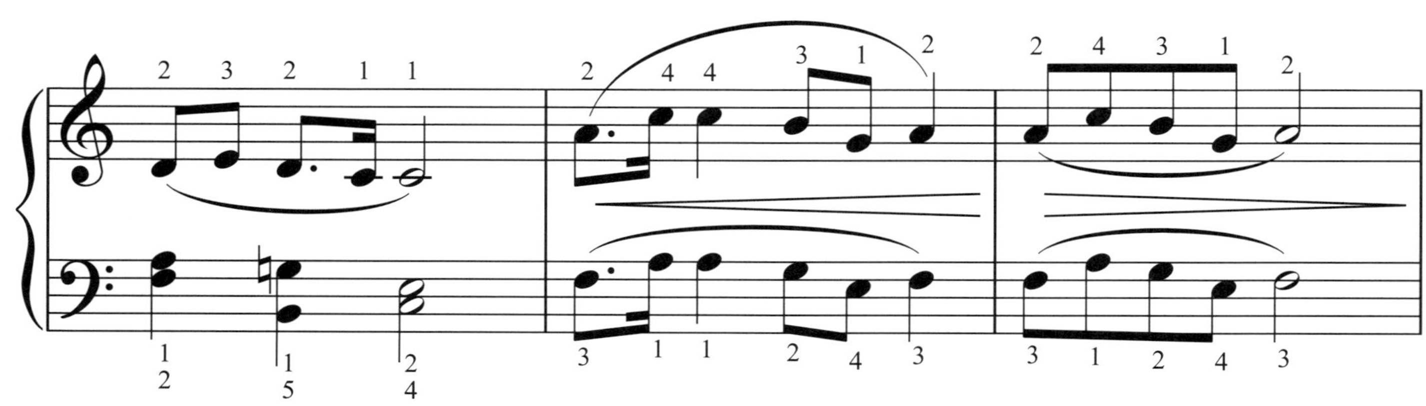

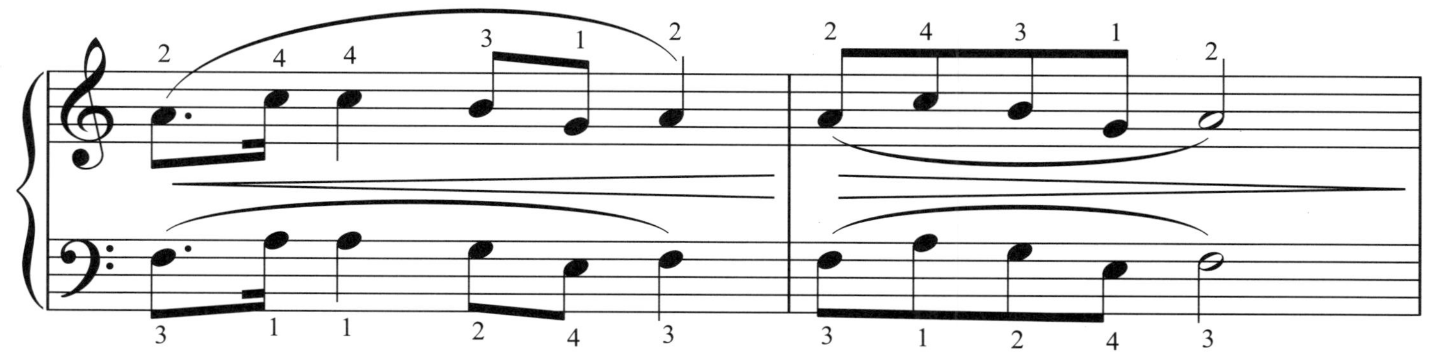

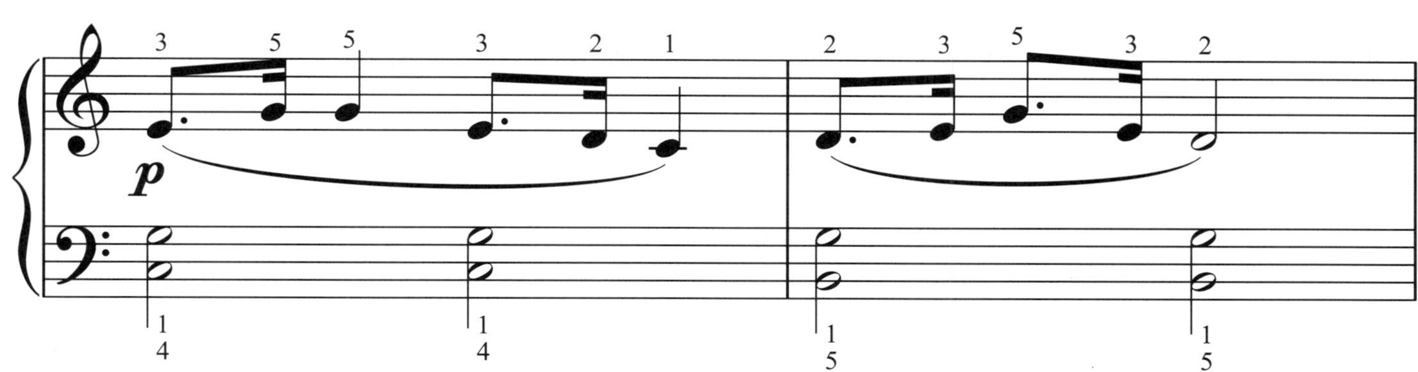

p

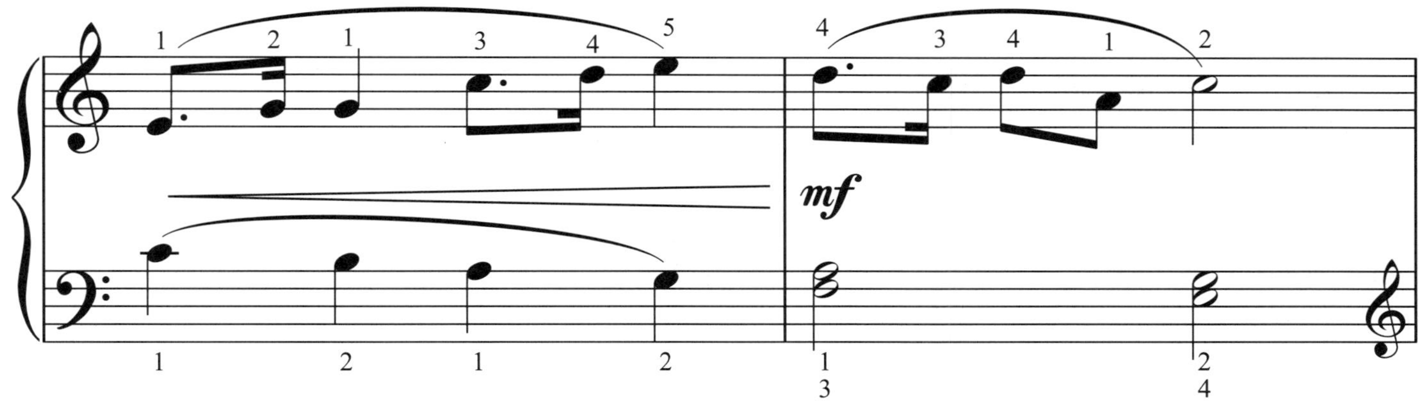

mf

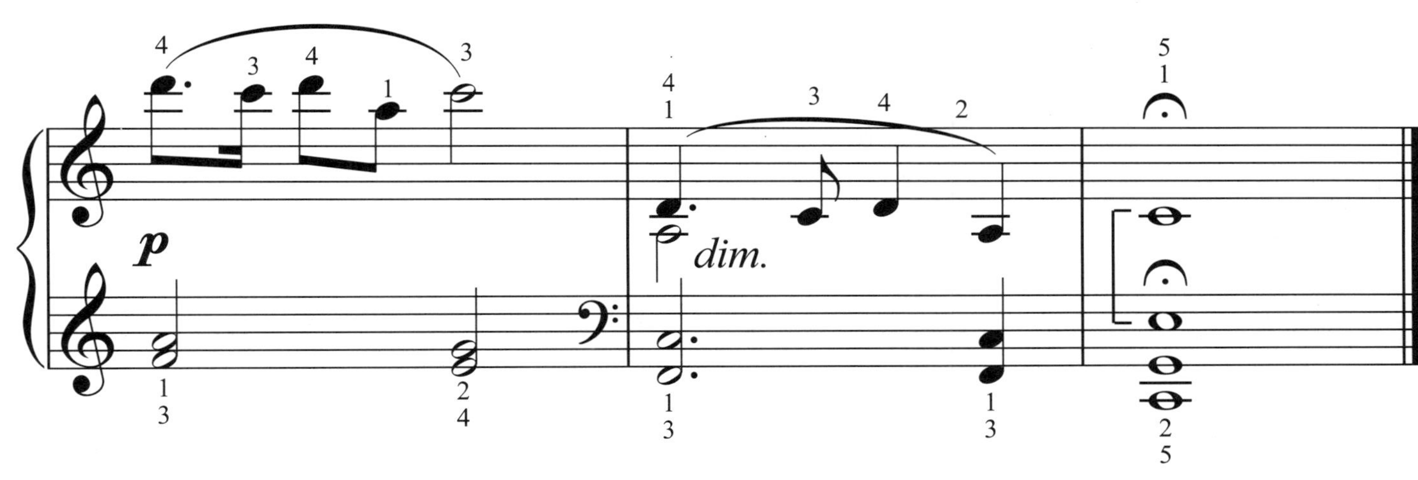

p
dim.

신세계 교향곡 제4악장

Symphony No.9 "From The New World"

드보르자크(1841-1904)

Allegro con fouco

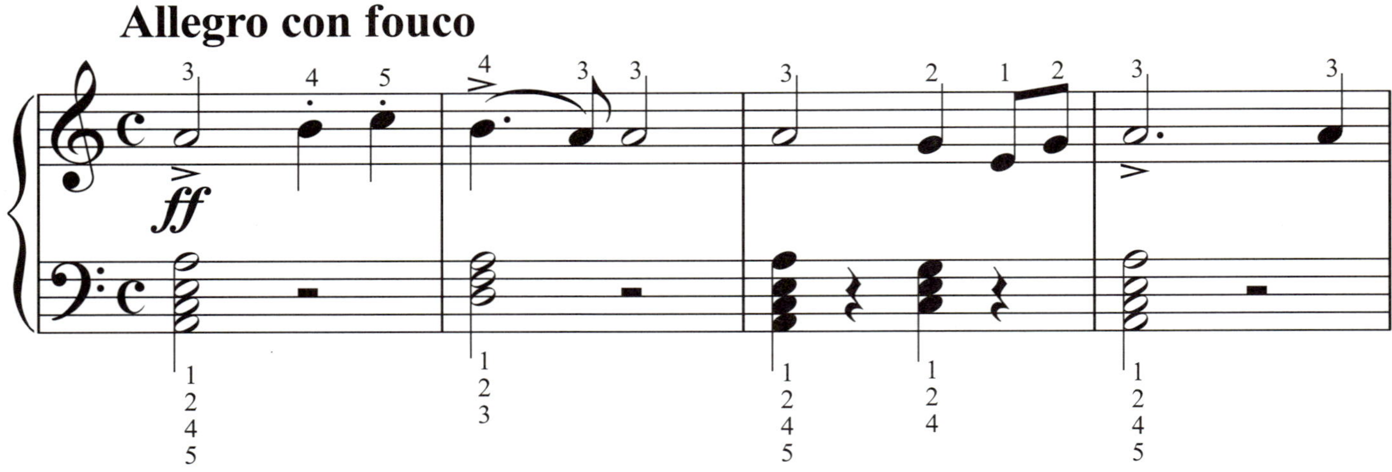

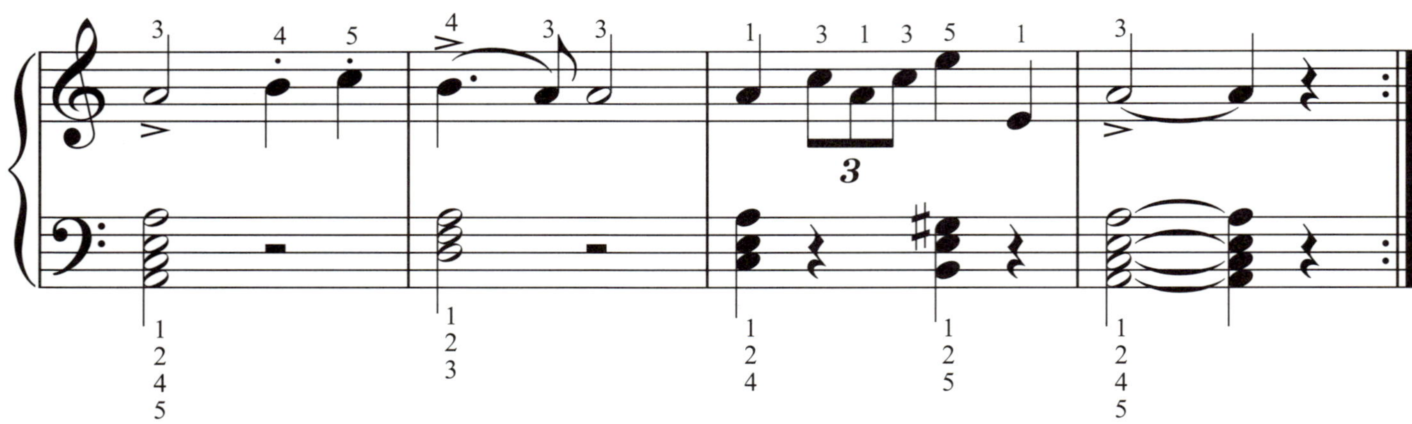

sf
ff
ff
신세계 교향곡 제4악장
3

운명 교향곡 제1악장

Symphonie No.5 op.67

베토벤(1770-1827)

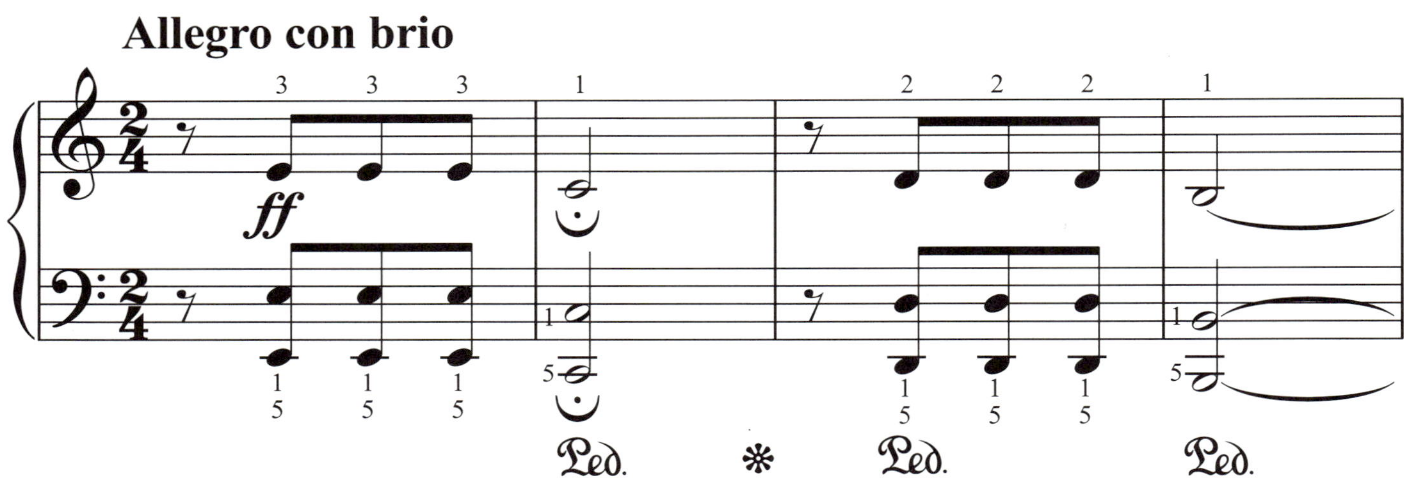

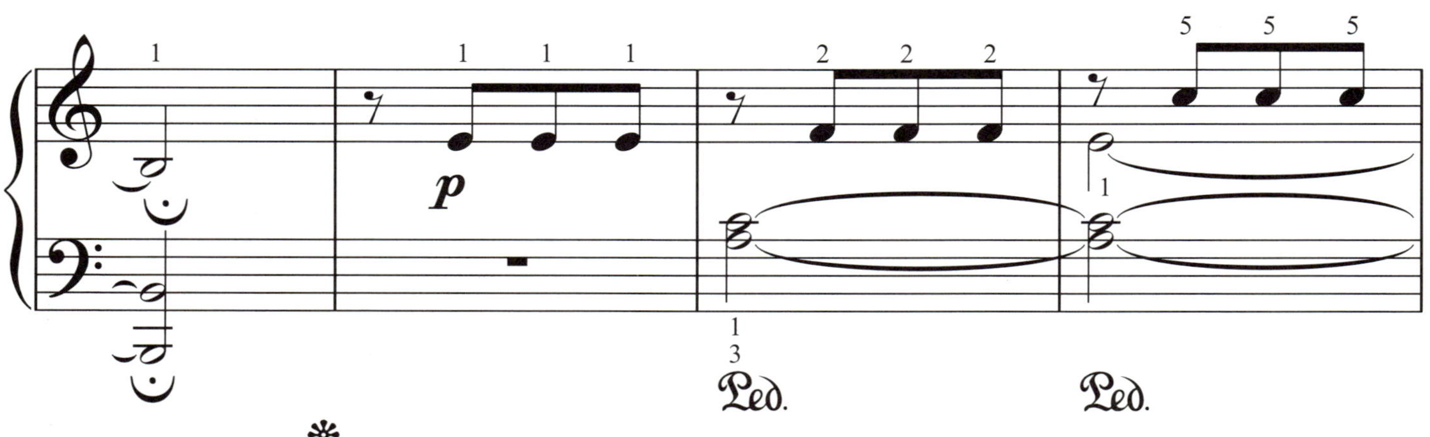

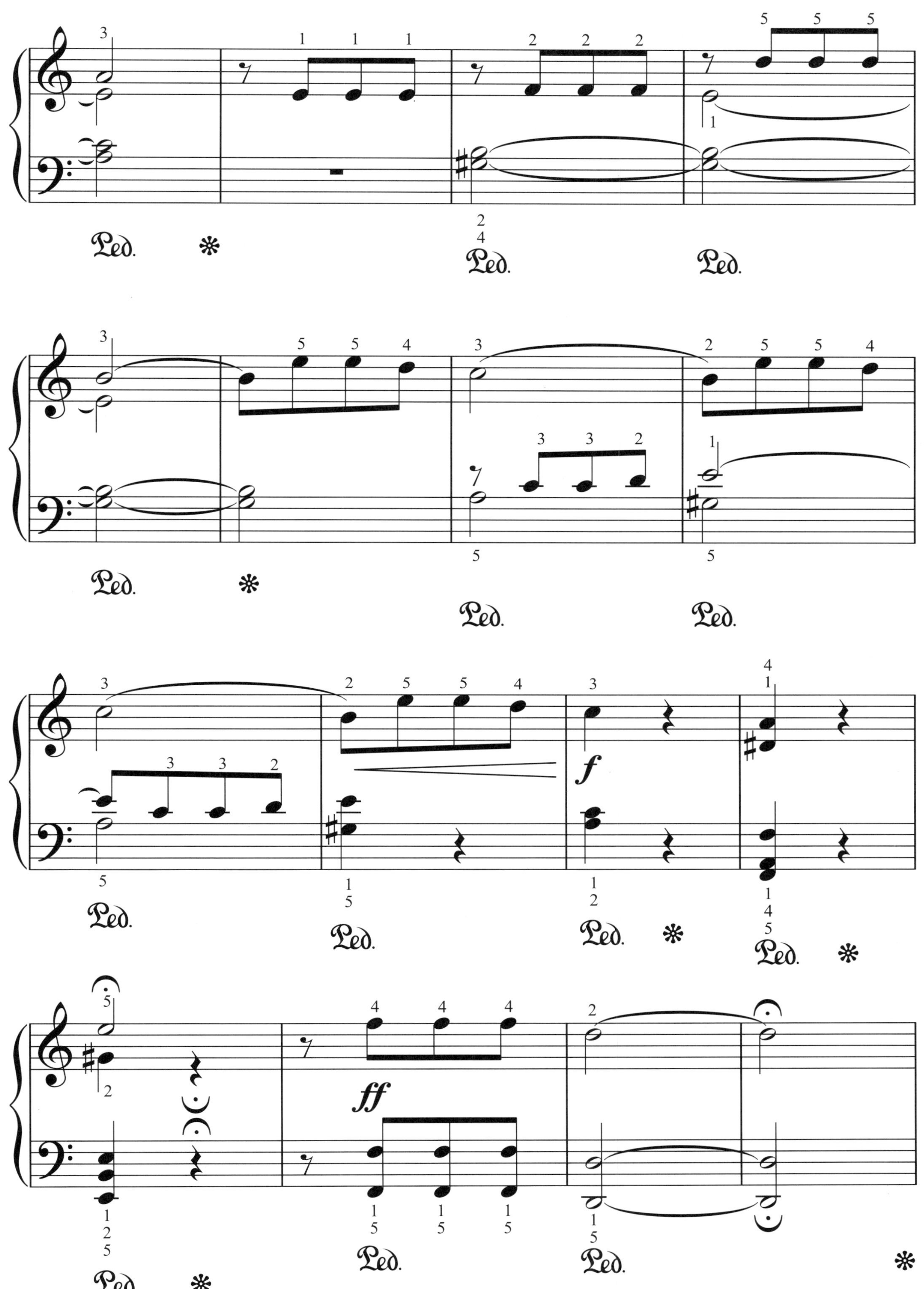

운명 교향곡 제1악장

정말이지 쉬운 클래식 명곡집

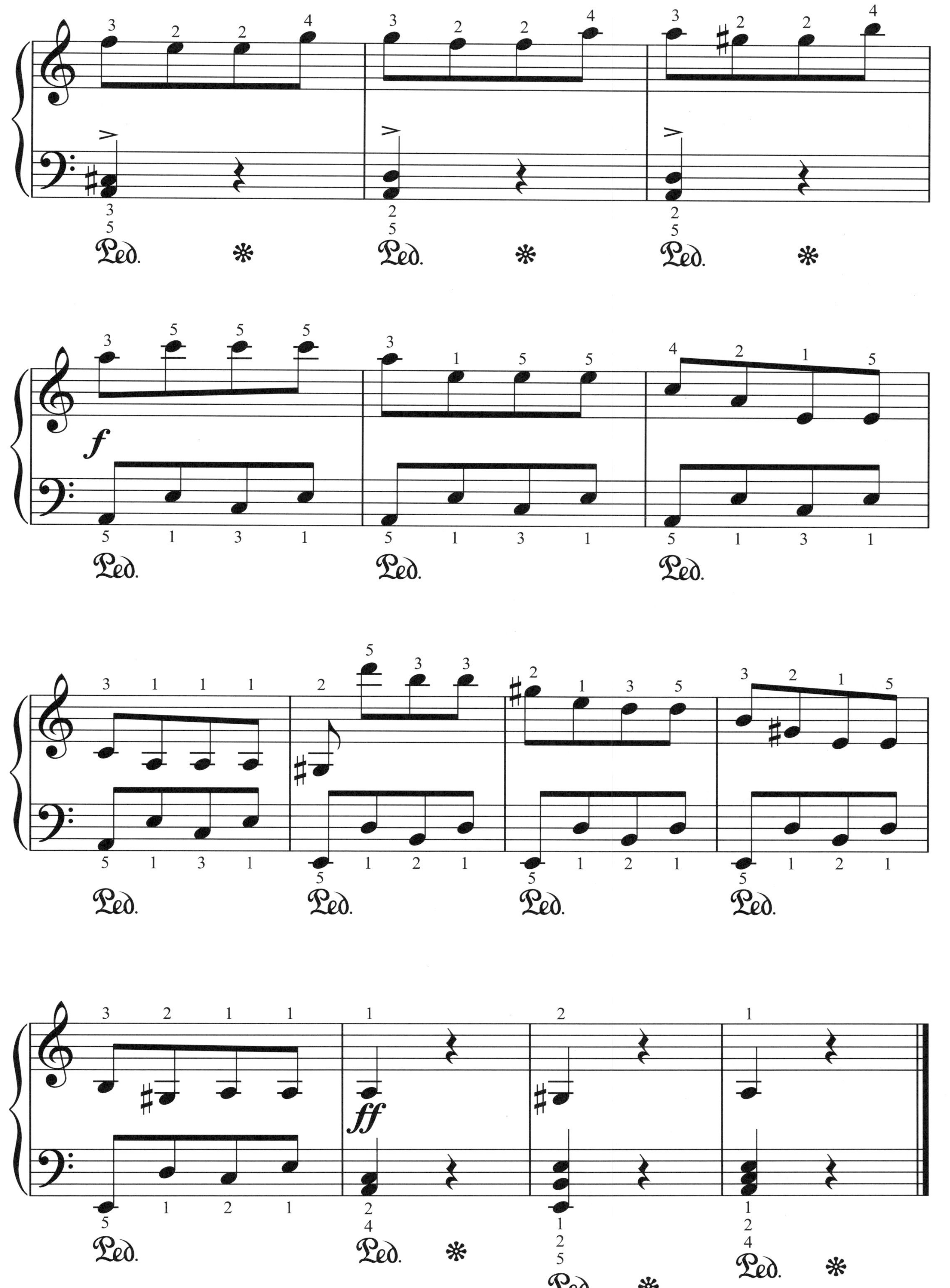

운명 교향곡 제1악장

합창 교향곡

Symphonie No.9 "Choral"

베토벤 (1770-1827)

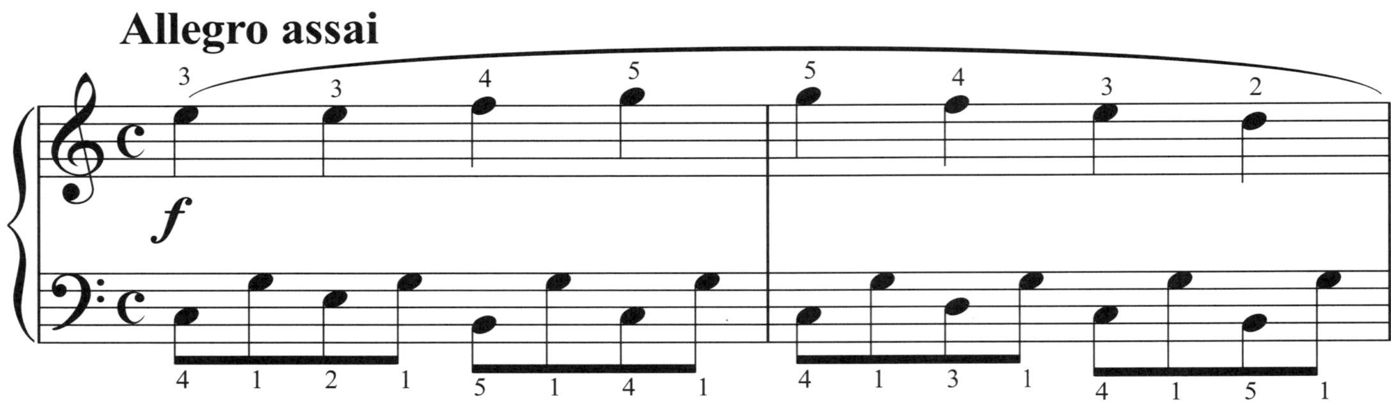

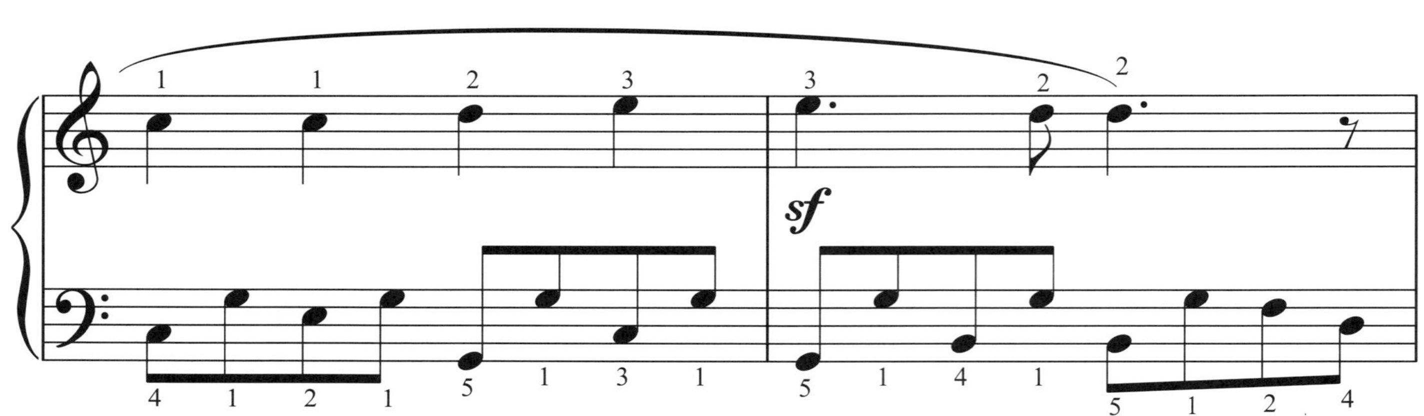

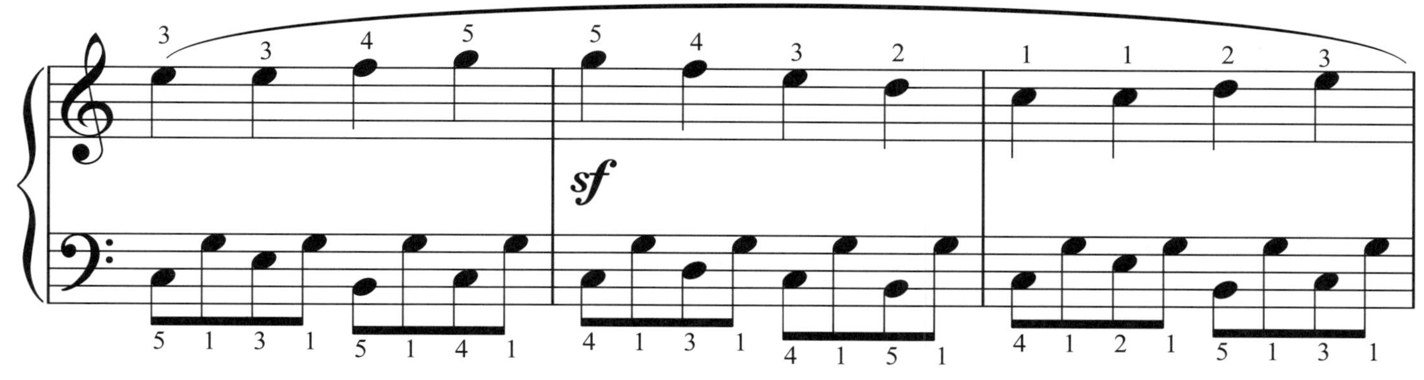

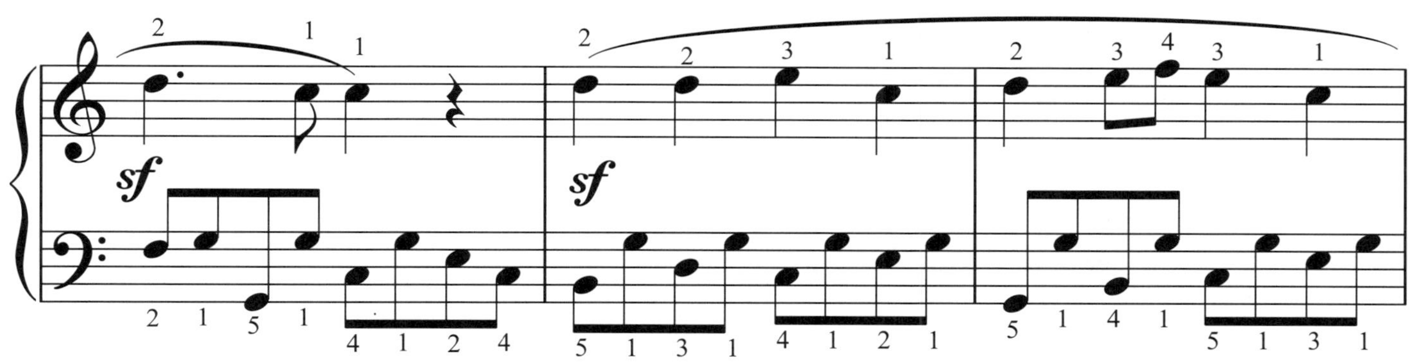

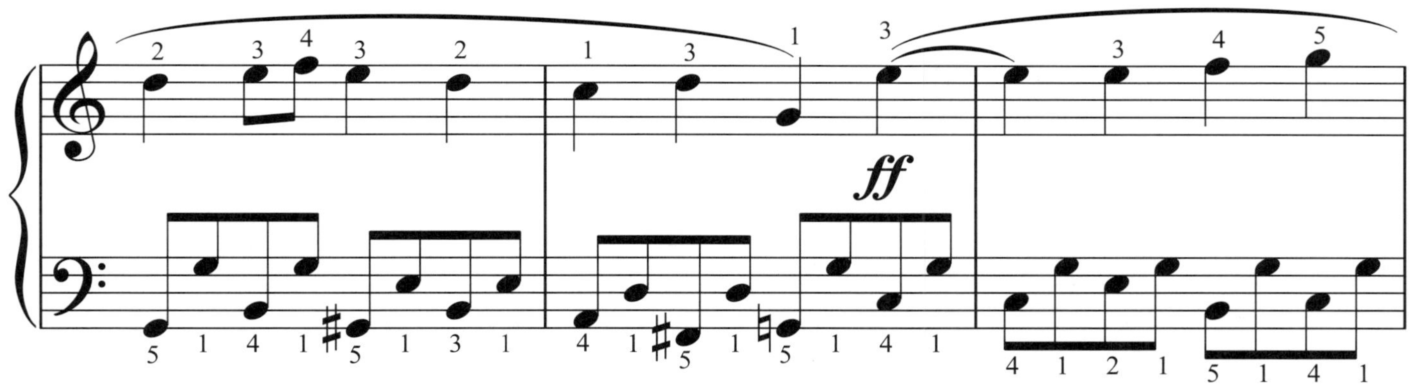

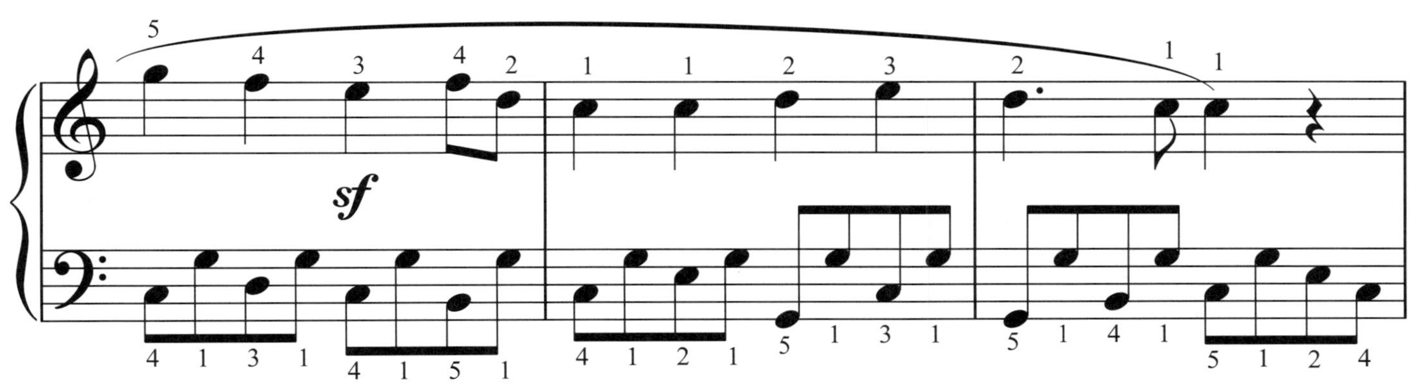

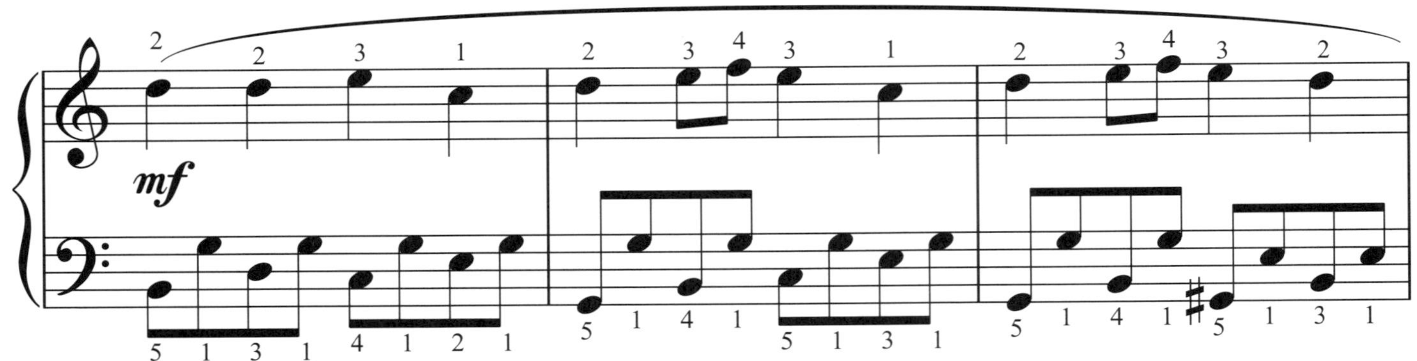

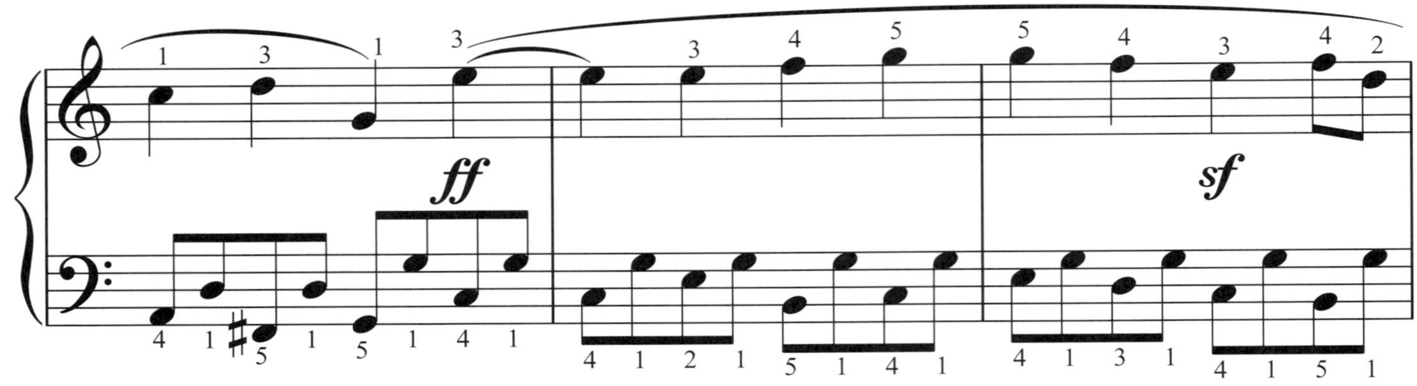

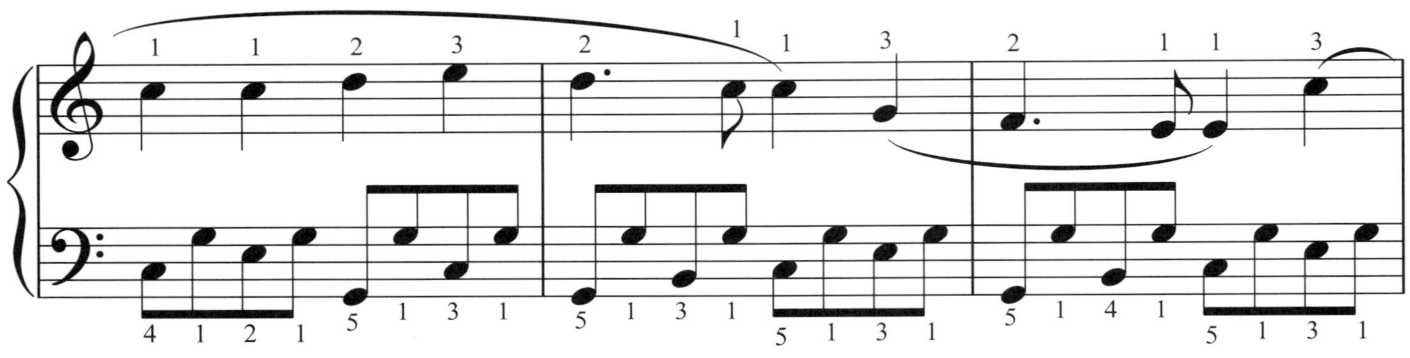

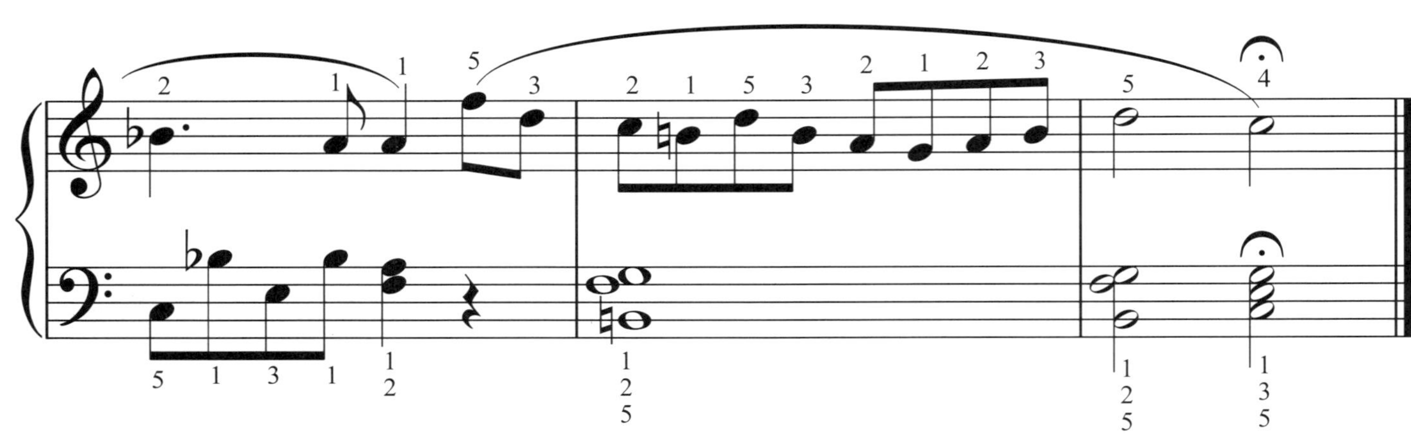

전원 교향곡 제1악장

Symphonie No.6 "Sinfonia pastorale" op.68

베토벤(1770-1827)

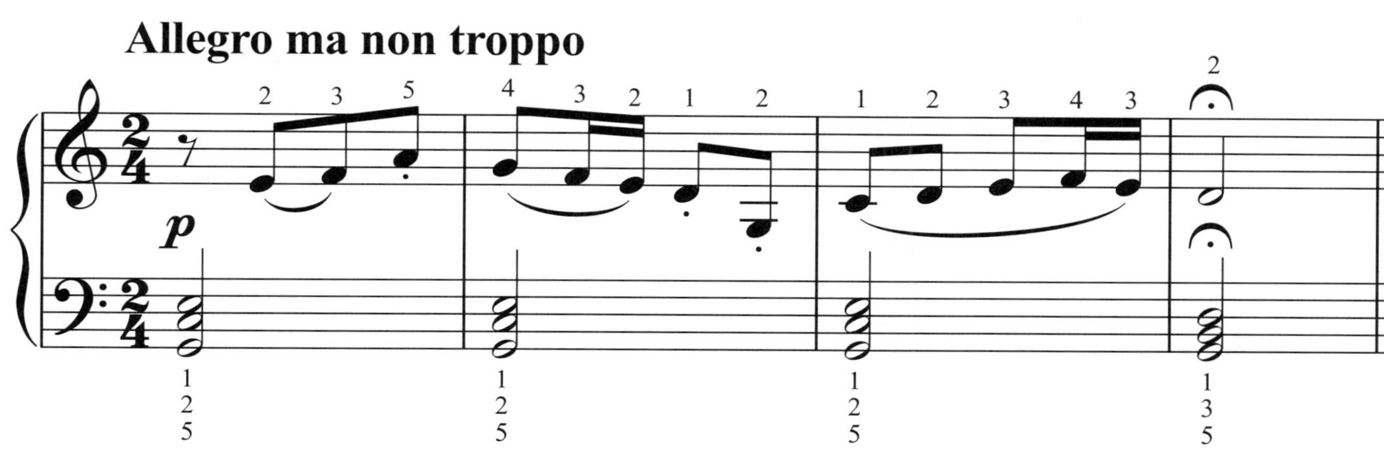

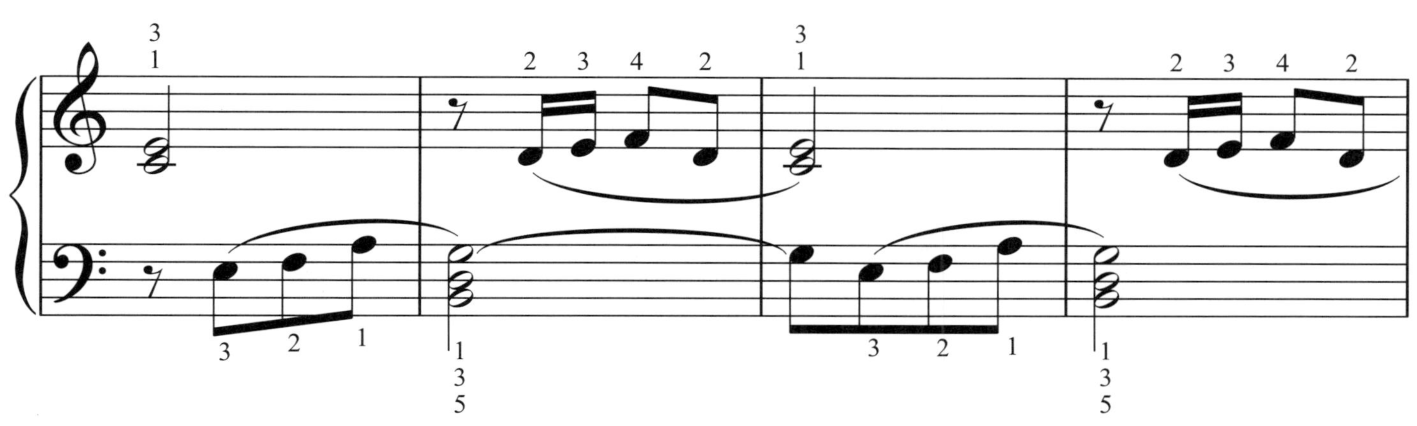

정말이지 쉬운 **클래식** 명곡집

rit.
전원 교향곡 제1악장
Ped.

영웅 교향곡 제1악장

Symphonie No.3 "Eroica" op.68

베토벤(1770-1827)

Allegro con brio

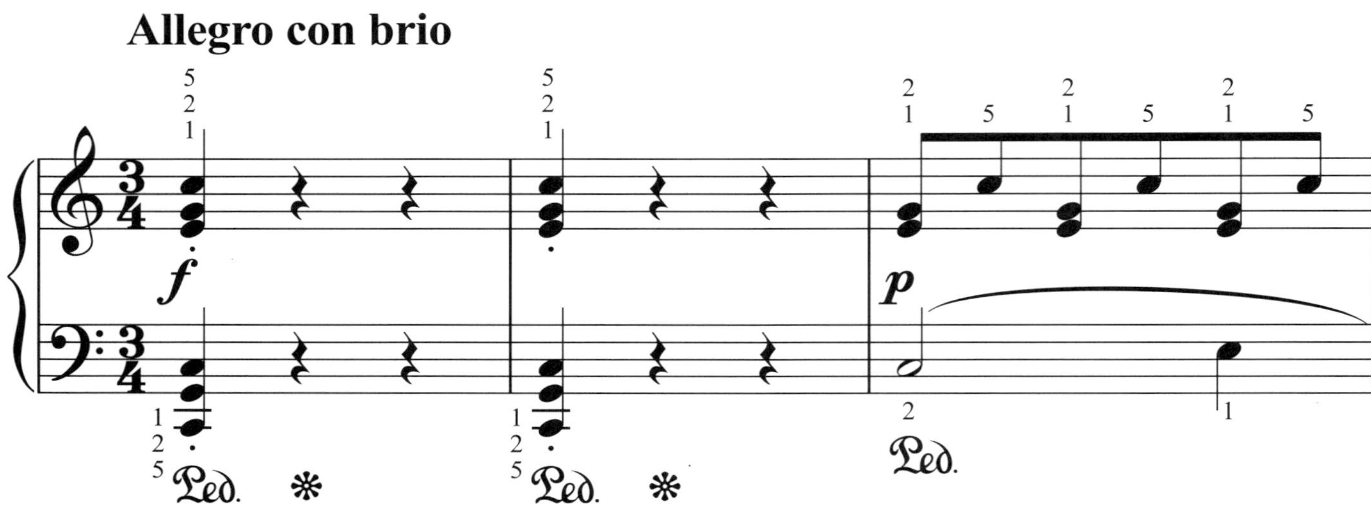

cresc.
sf
Ped.
Ped.
Ped.
Ped.
p
Ped.
Ped.
cresc.
p
Ped.
Ped.
Ped.
Ped.

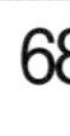

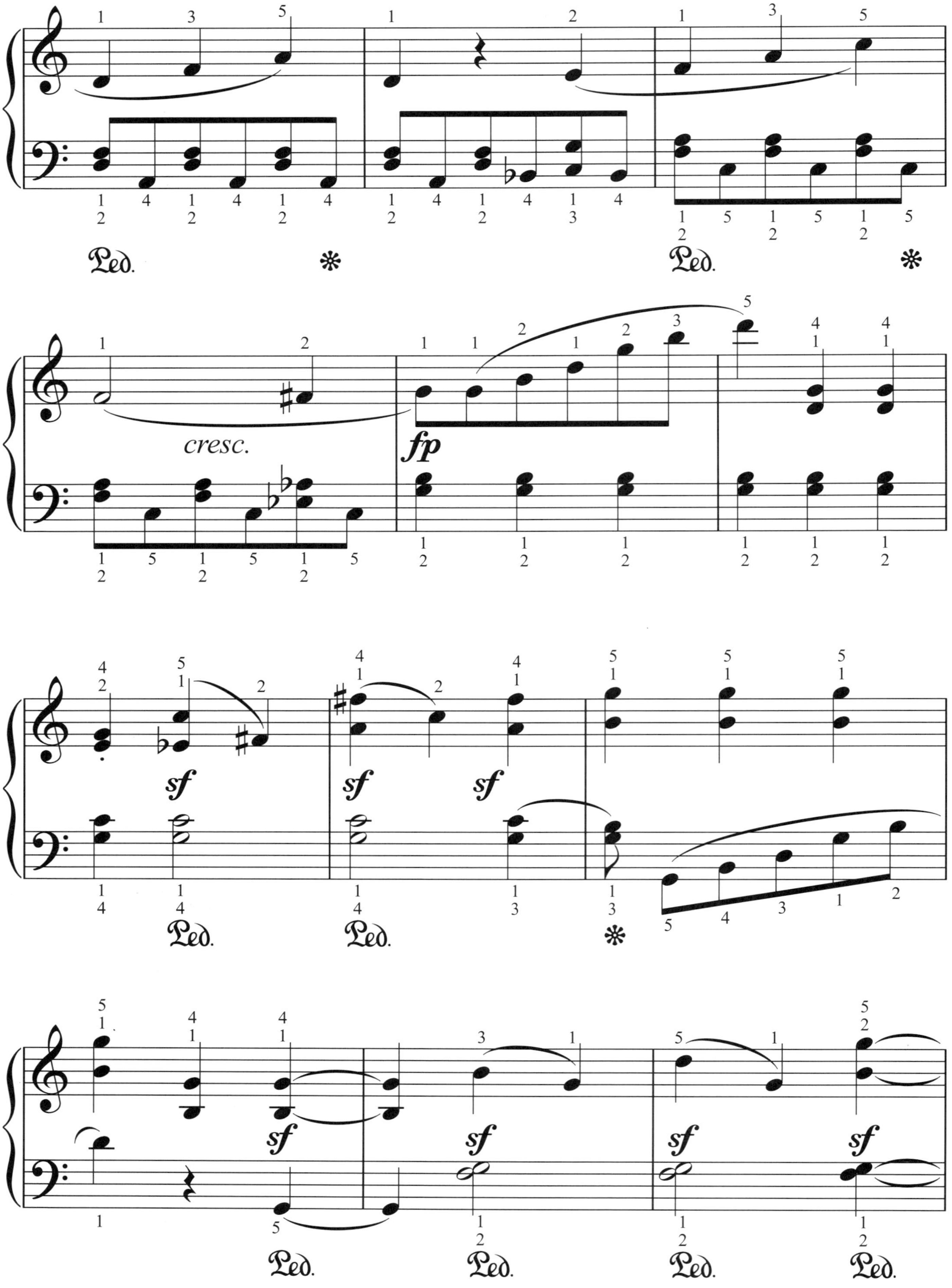
Ped.
Ped.
cresc.
fp
sf
sf
sf
Ped.
Ped.
sf
sf
sf
sf
Ped.
Ped.
Ped.
Ped.

sf   sf   sf   sf
cresc.
p
Ped.   Ped.   Ped.   Ped.
Ped.   Ped.   Ped.
Ped.   Ped.   Ped.

꽃의 왈츠

호두까기인형 중에서 | Valse Des Fleurs

차이콥스키 (1840-1893)

Tempo di Valse

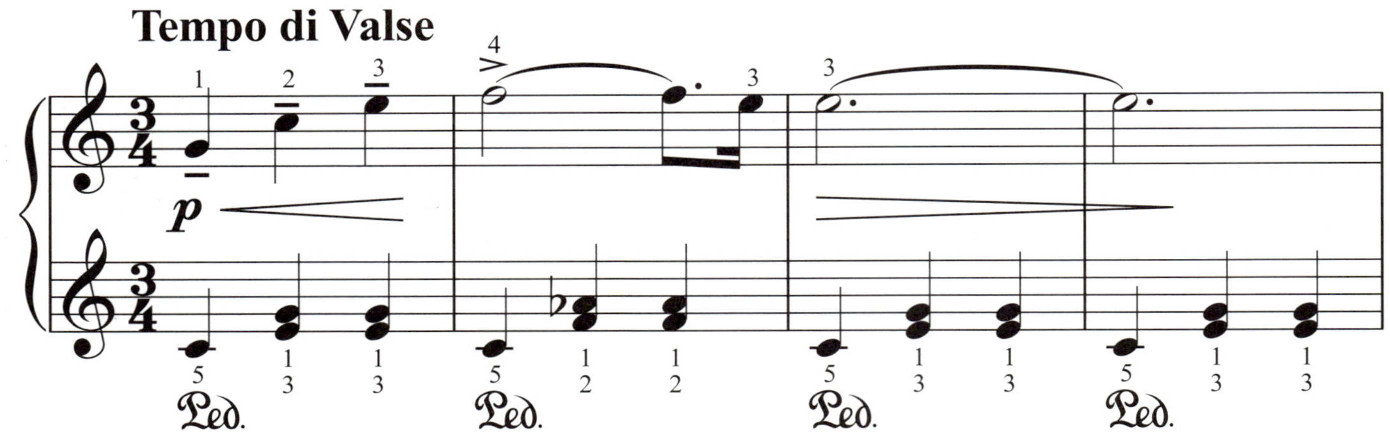

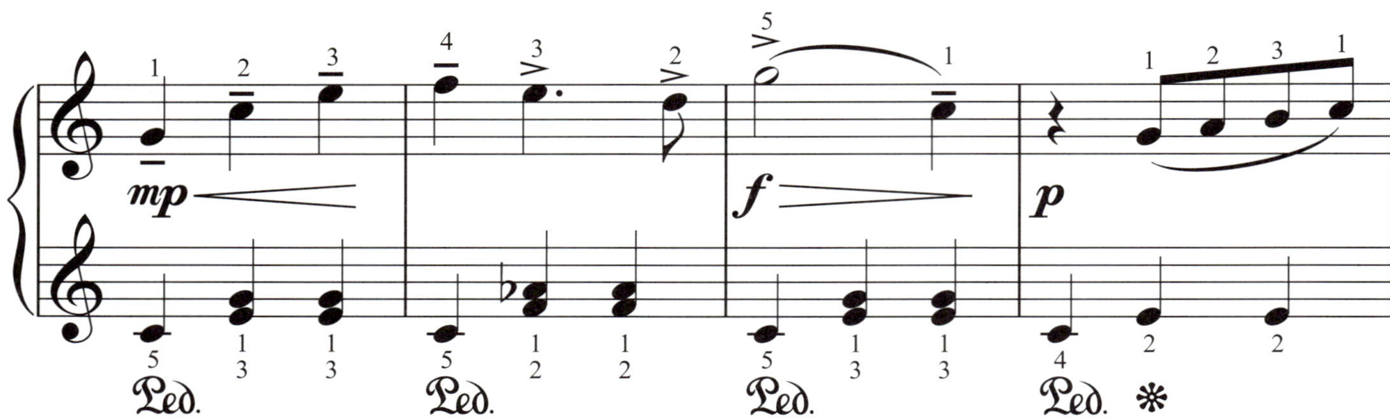

꽃의 왈츠
71

정말이지 쉬운 플래쉬 명곡집

73
꽃의 왈츠

할렐루야

Hallelujah

헨델 (1685-1759)

Allegro

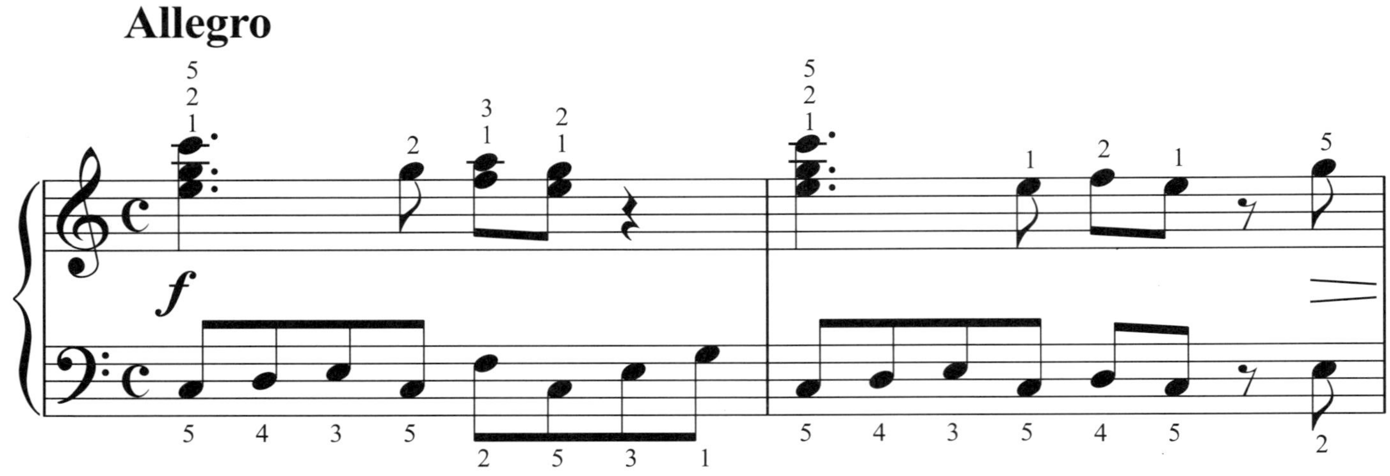

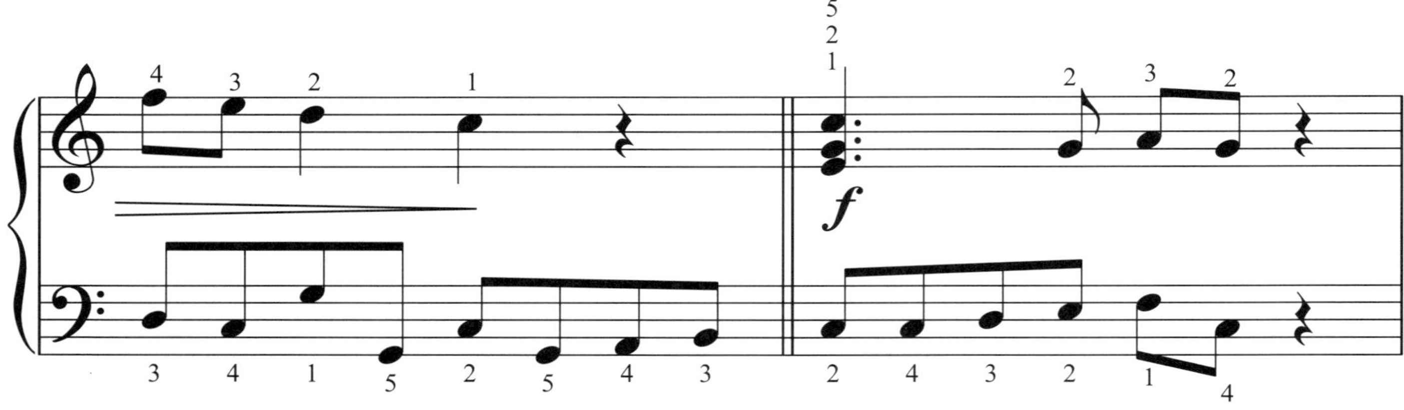

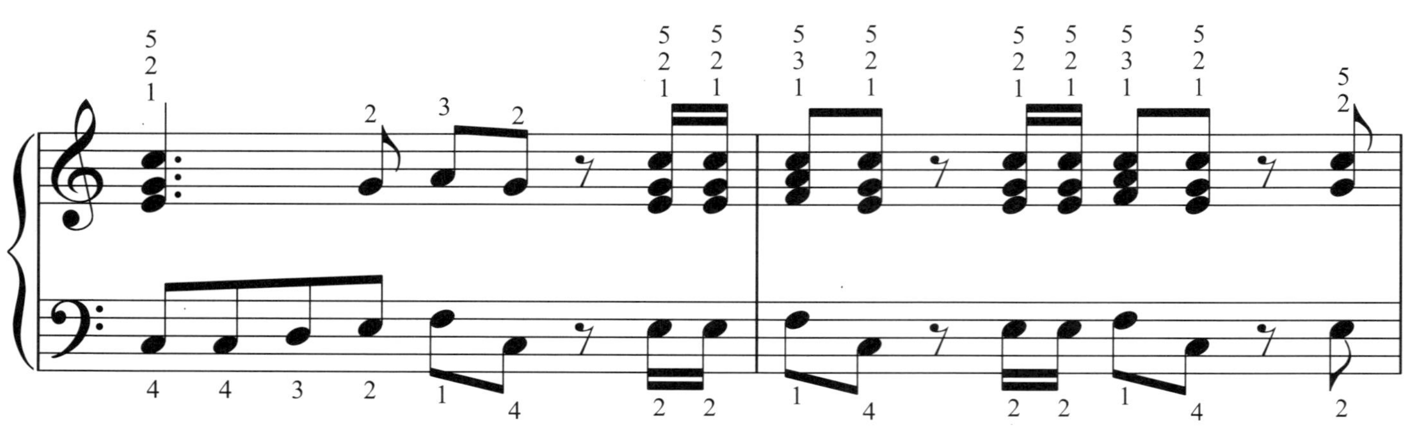

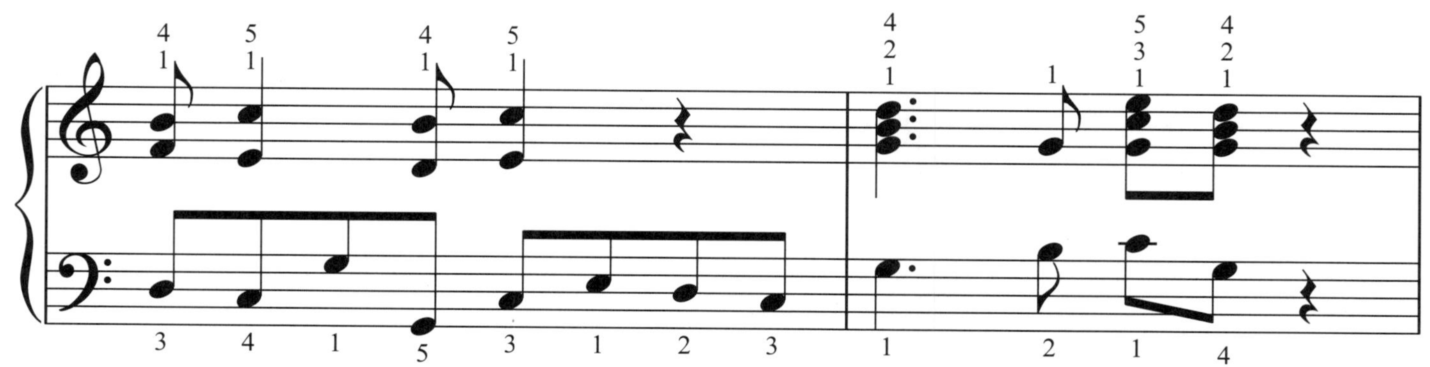

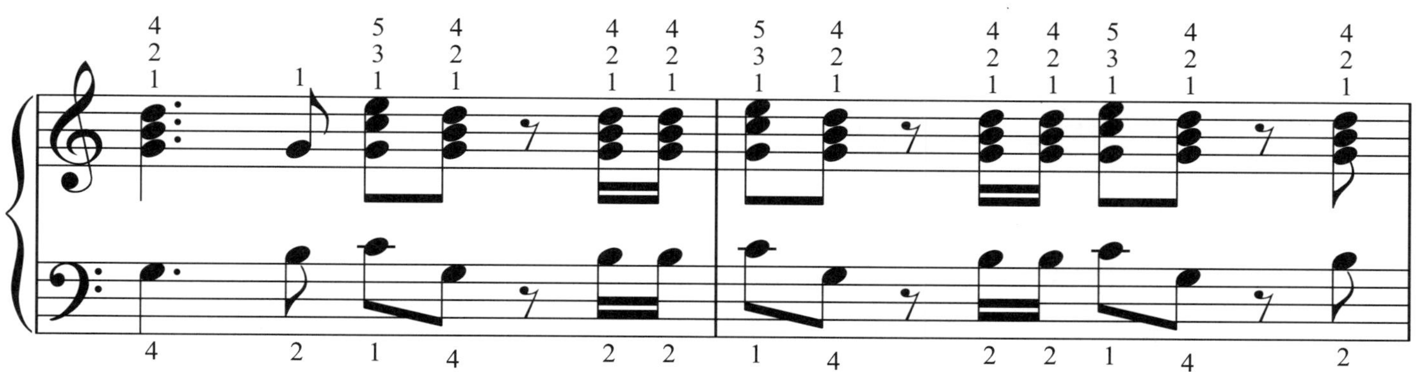

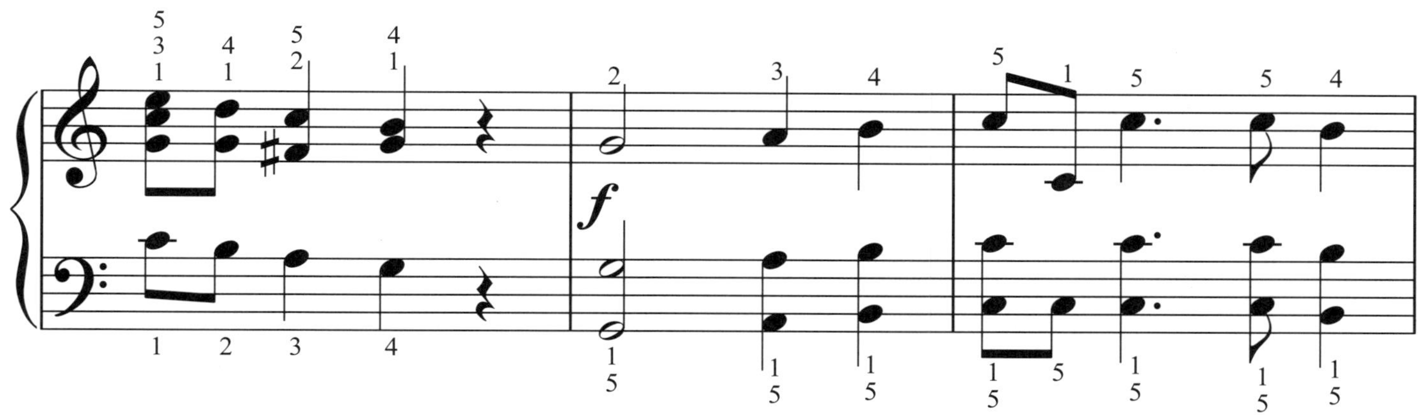

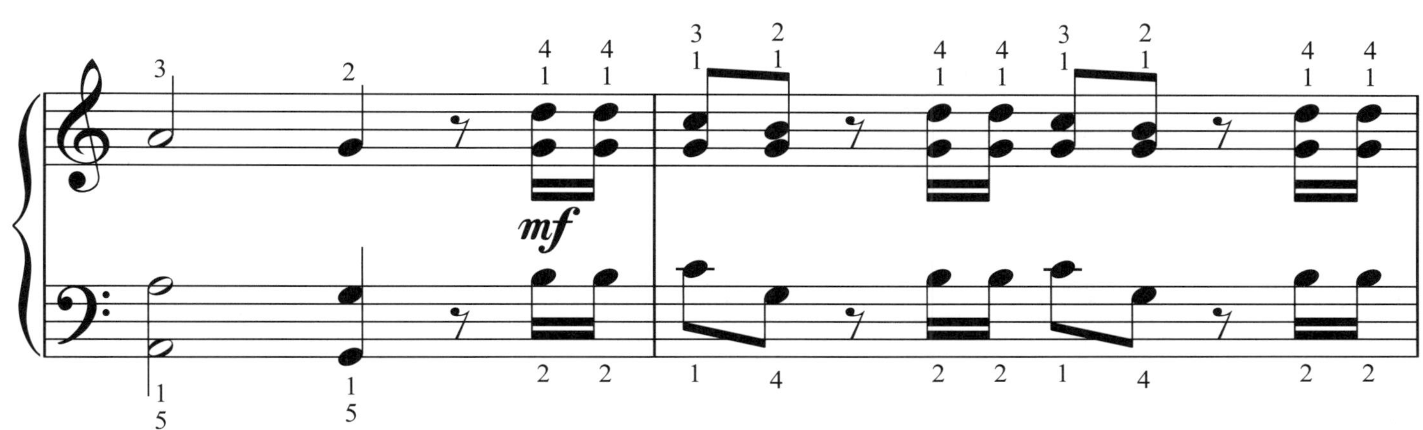

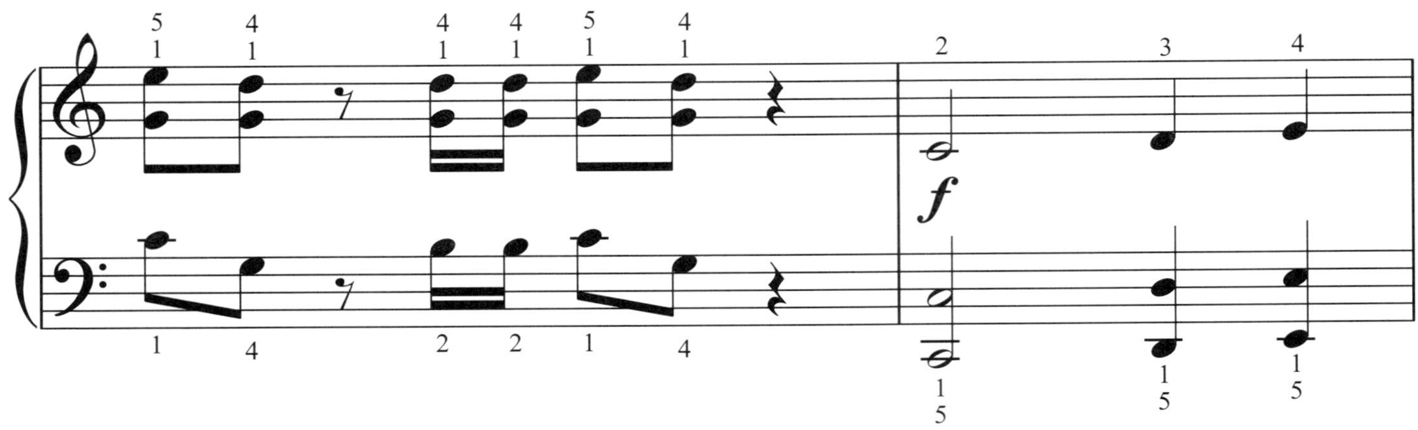

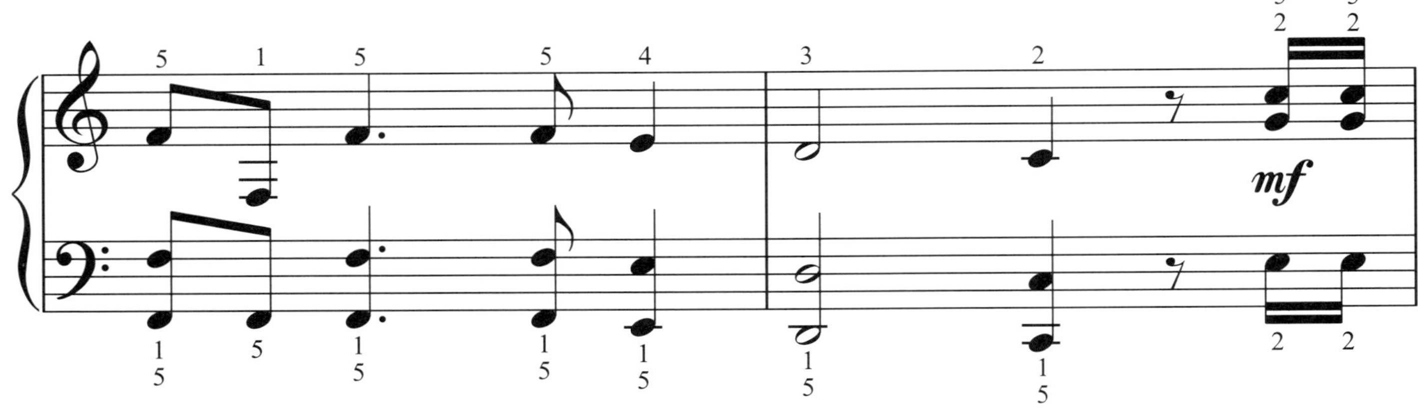

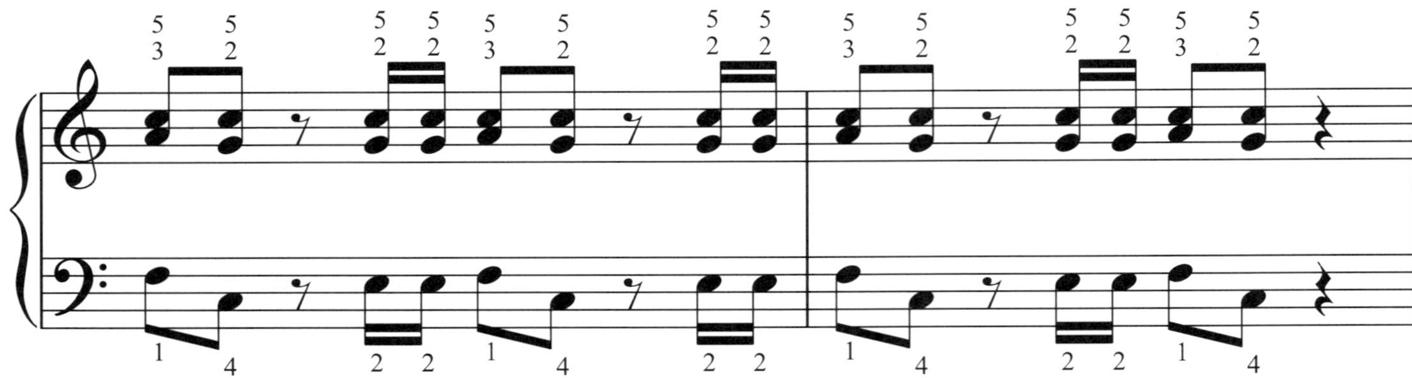

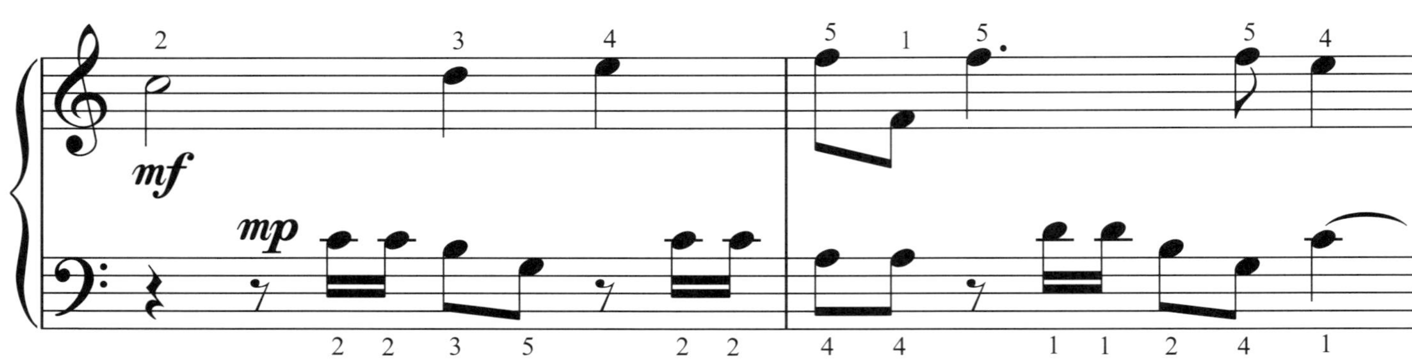

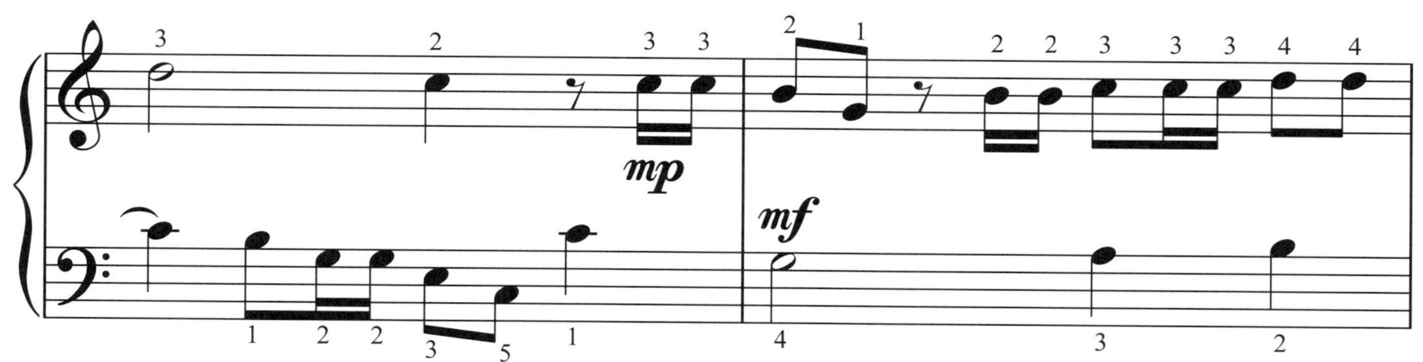

mp
mf

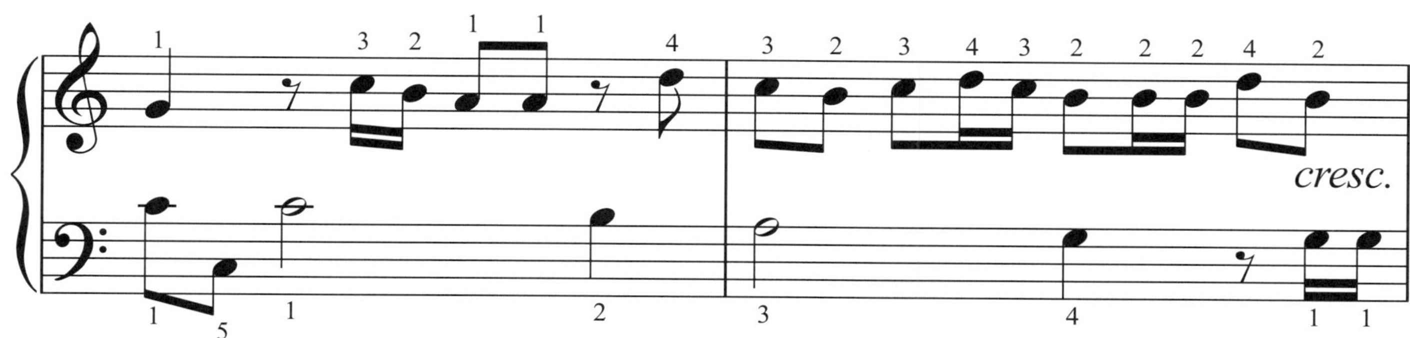

cresc.

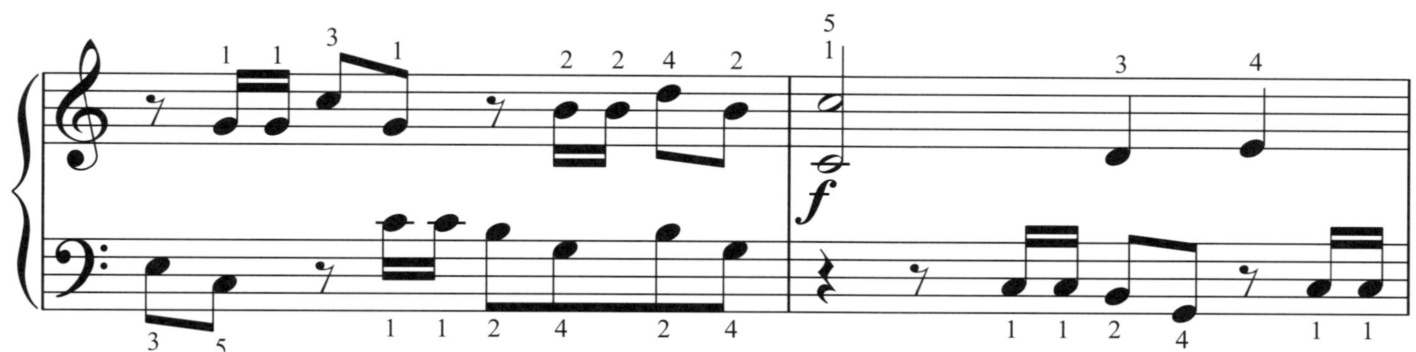

f

poco rit.

G 선상의 아리아

Air sul G

바흐(1685-1750)

Adagio

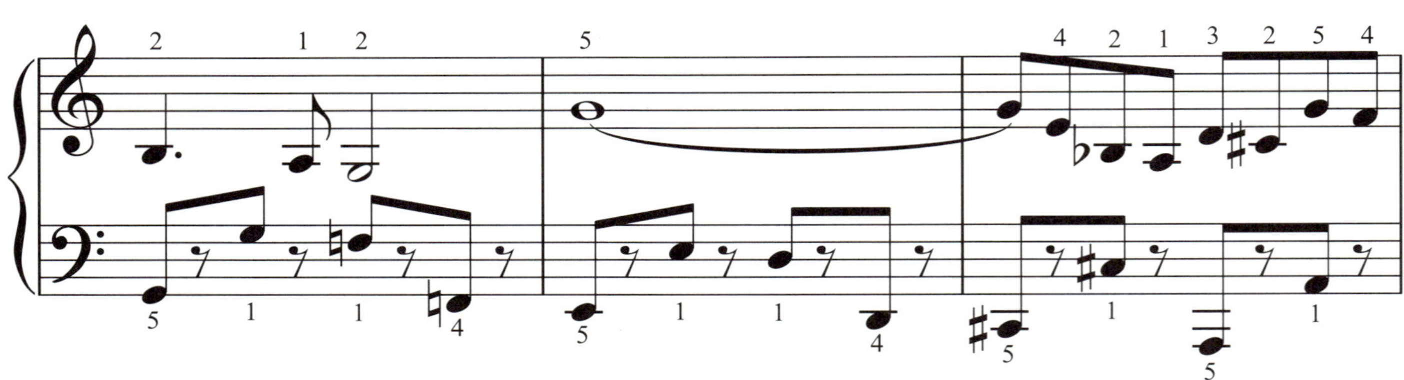

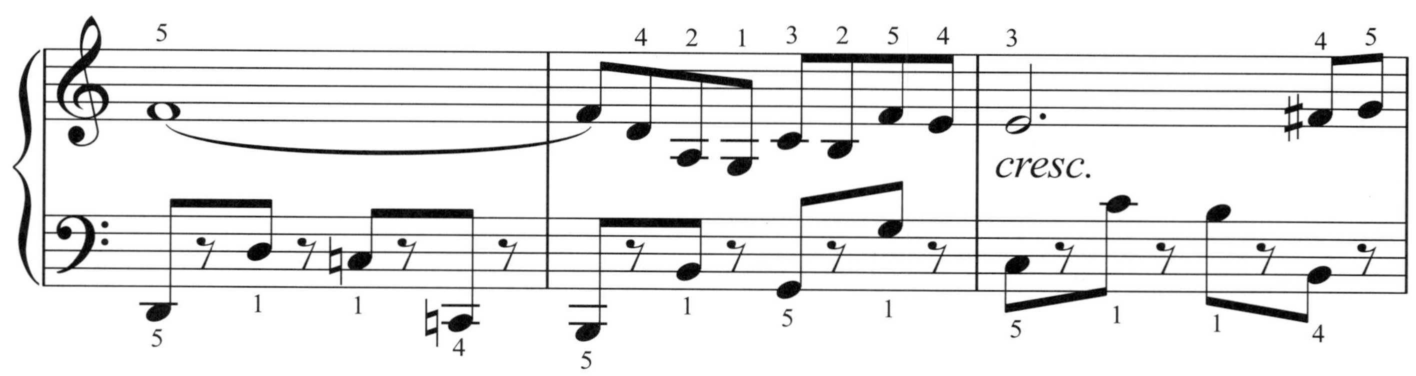
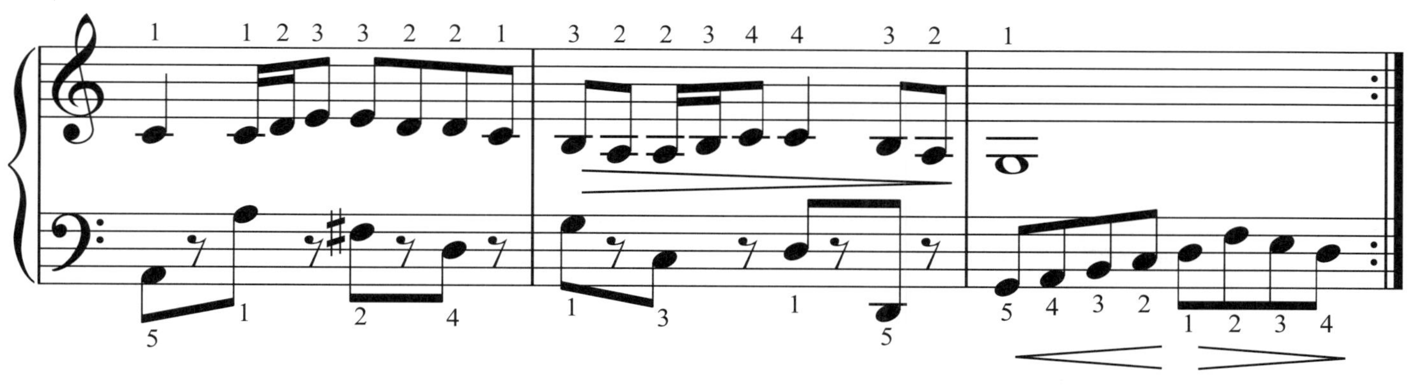
cresc.

G 선상의 아리아

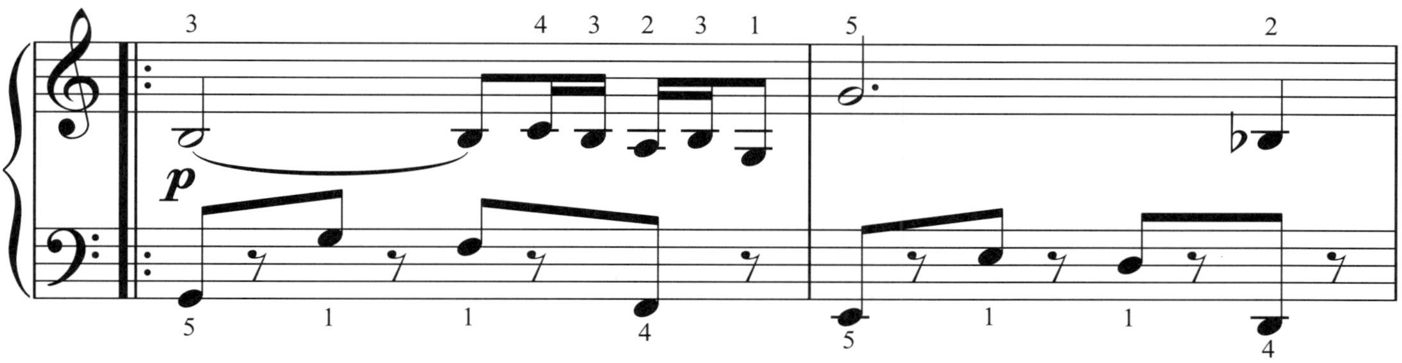
p
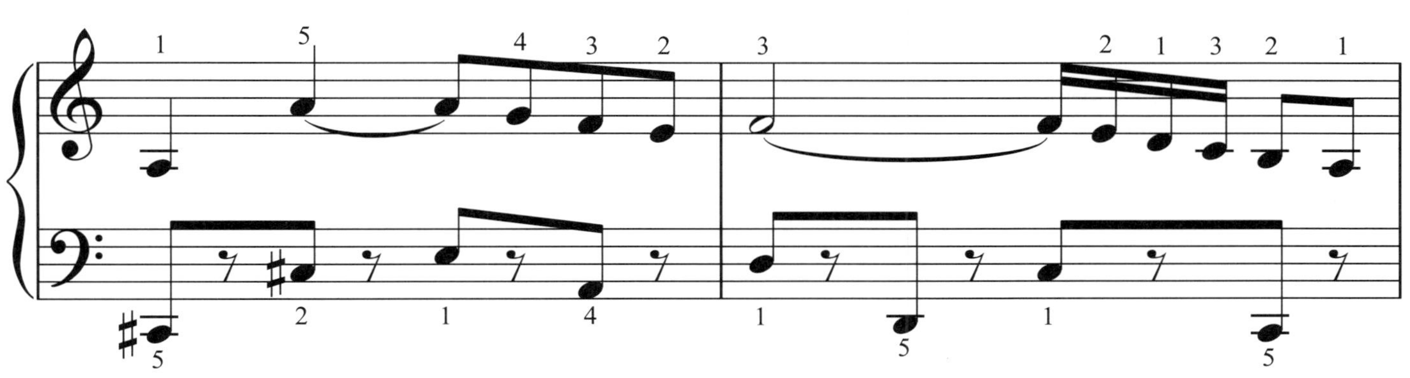

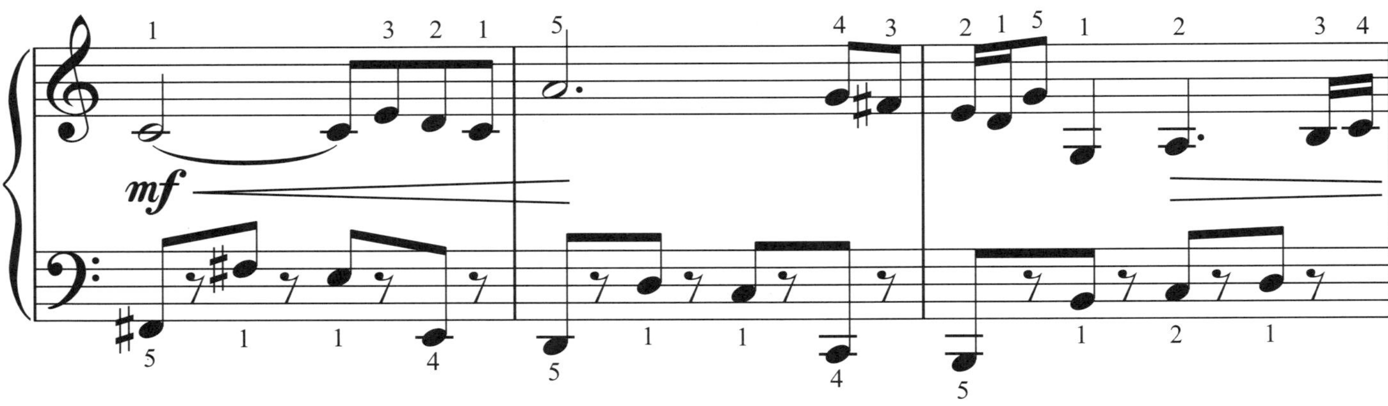

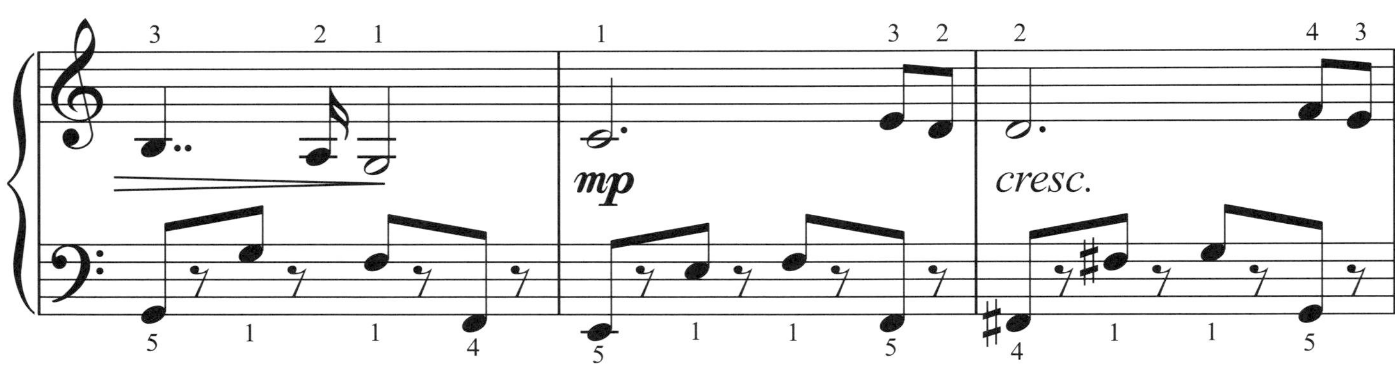

mf
f
mp
dim.
1.
p
2.
p
G 산상의 아리아

백조

동물의 사육제 중에서 | Le Cygne

생상스(1835-1921)

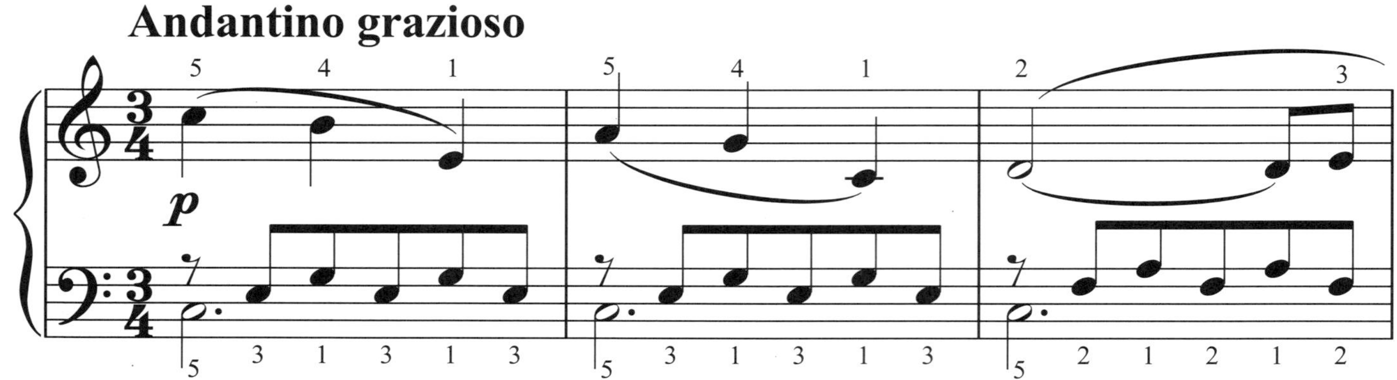

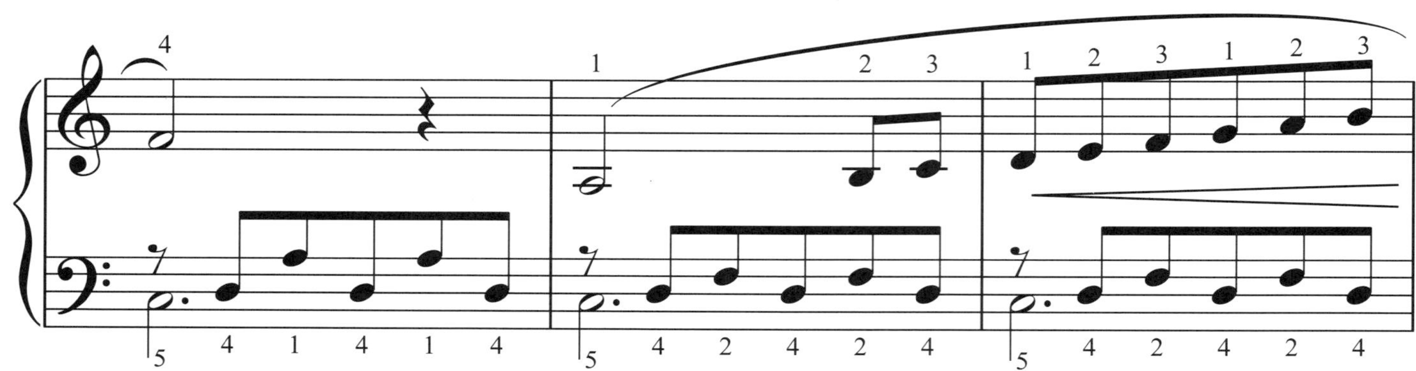

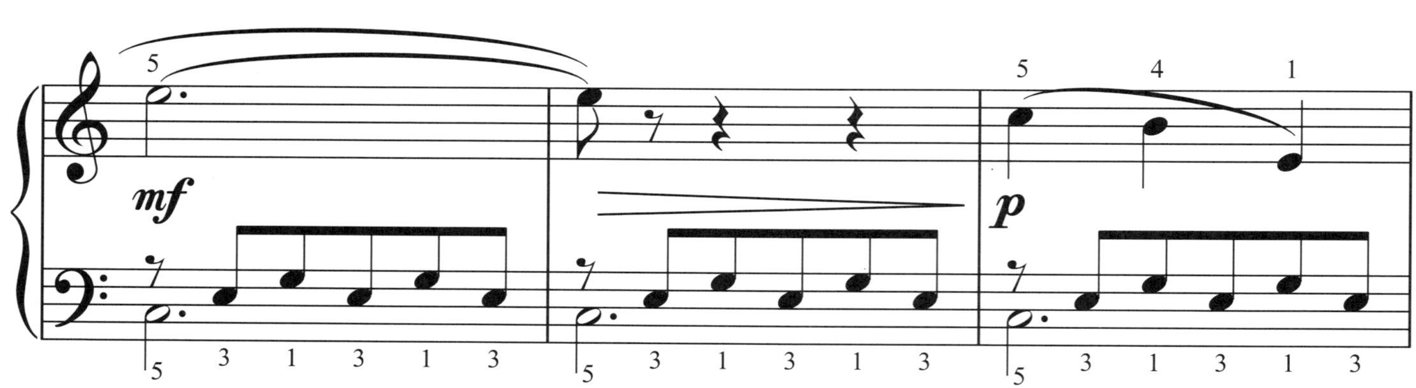

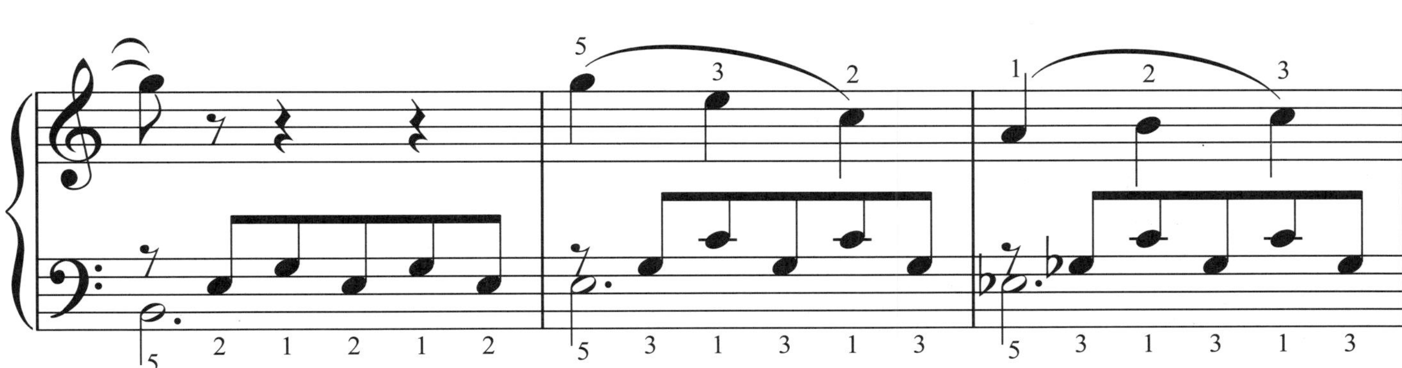

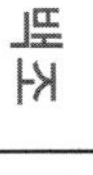

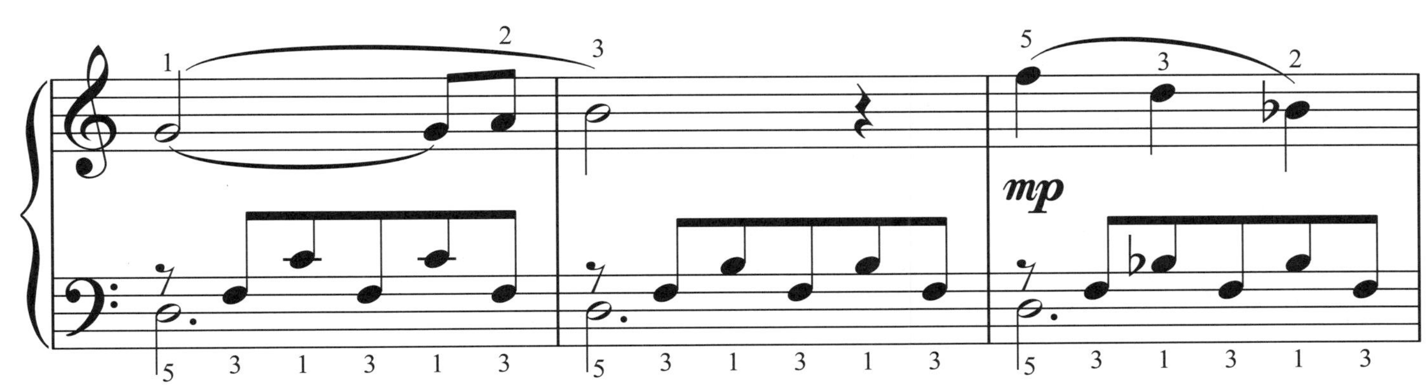

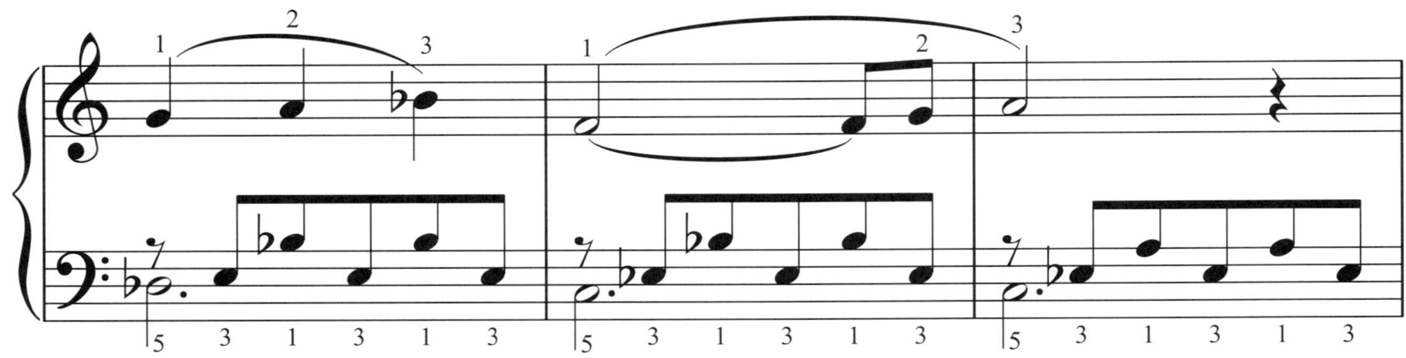

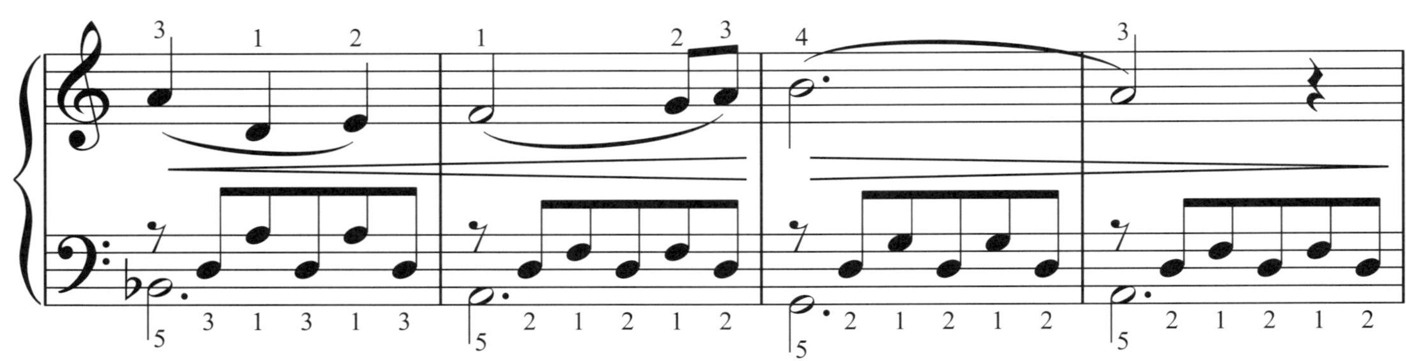

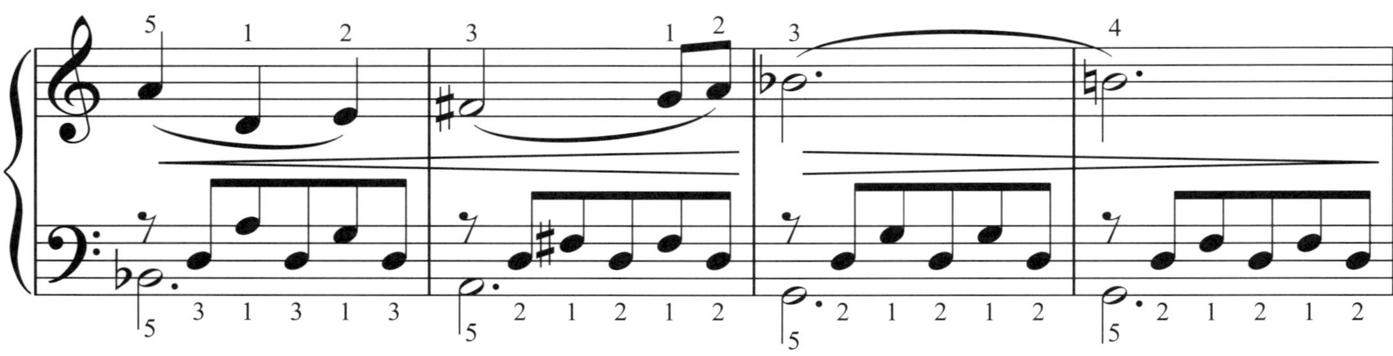

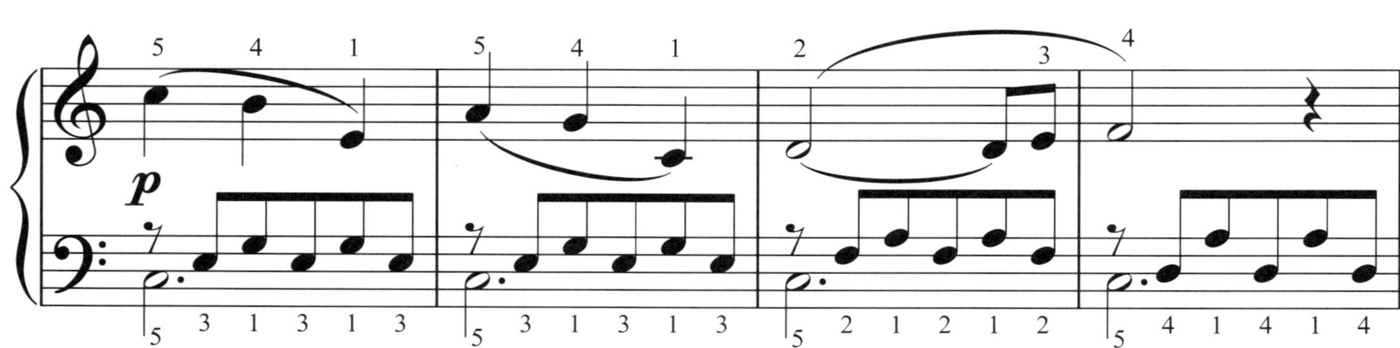

p

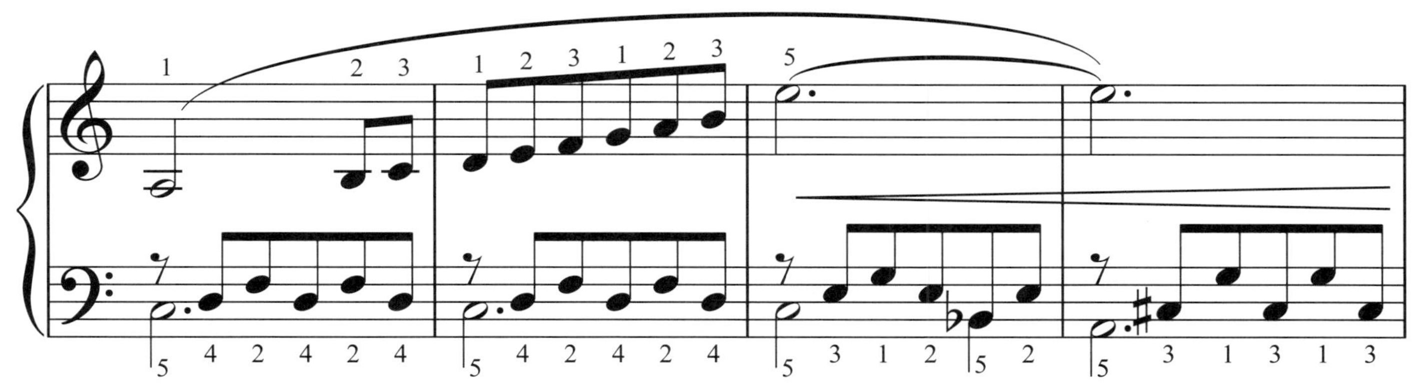

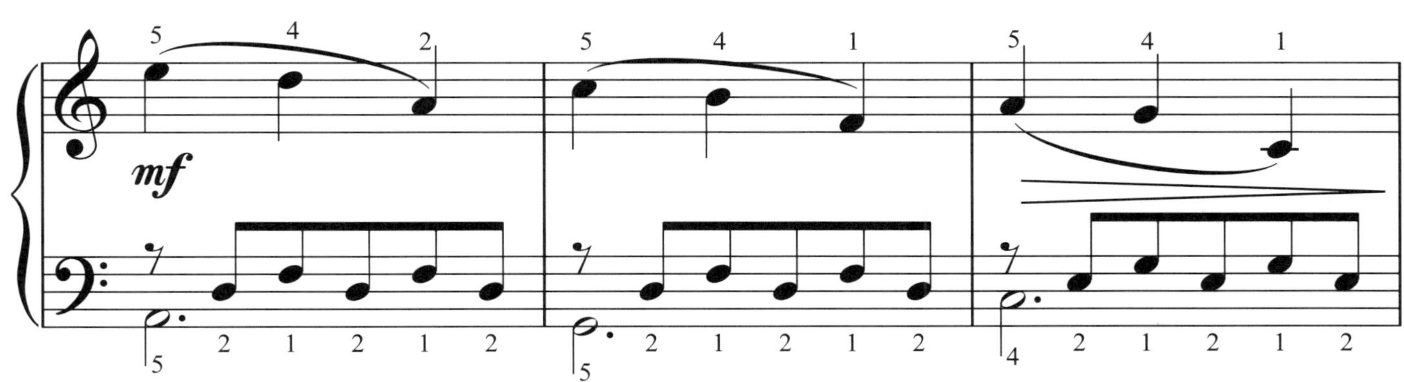
mf

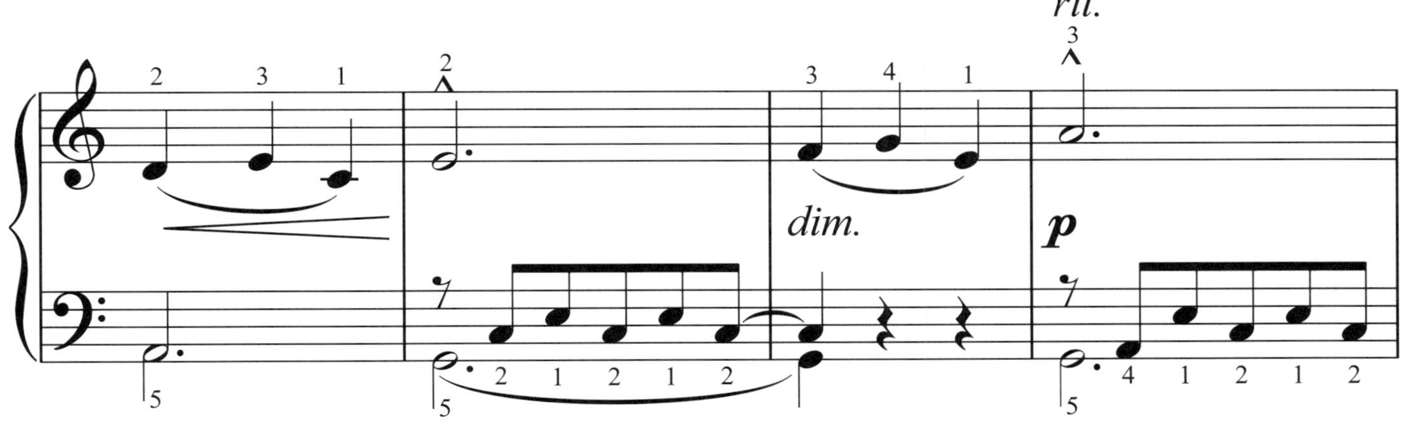
rit.
dim.
p

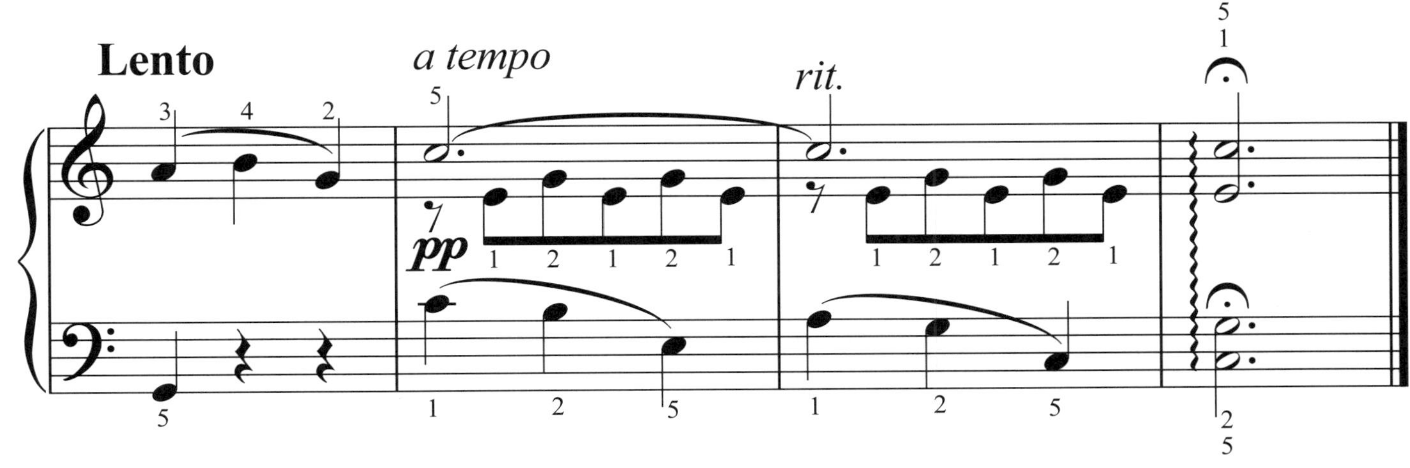
Lento
a tempo
rit.
pp

작은 백조의 춤

백조의 호수 중에서 | Danses Des Cygnes

차이콥스키(1840-1893)

Allegro moderato

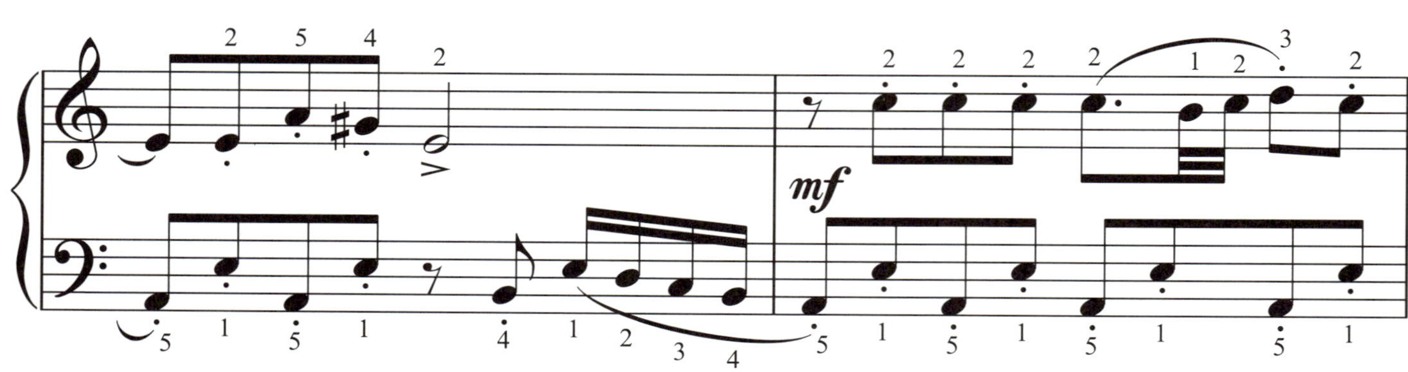

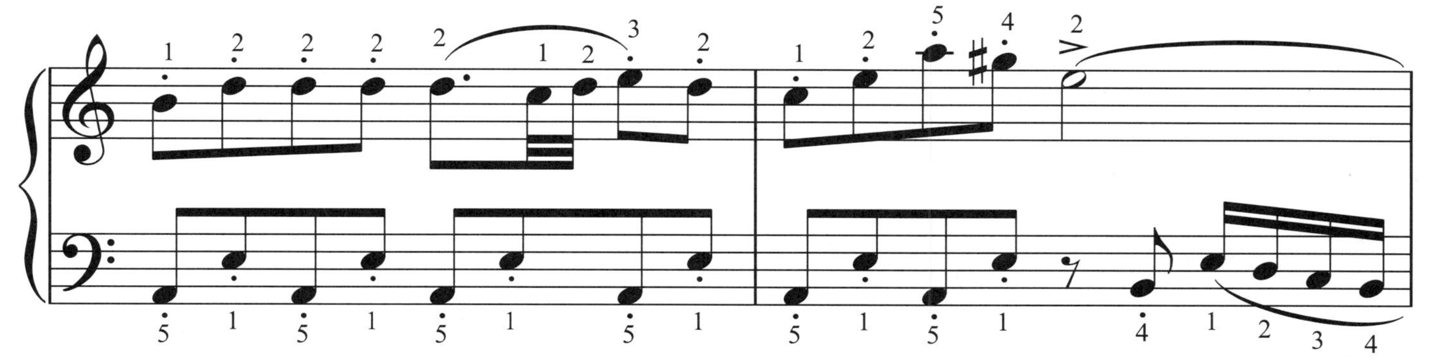

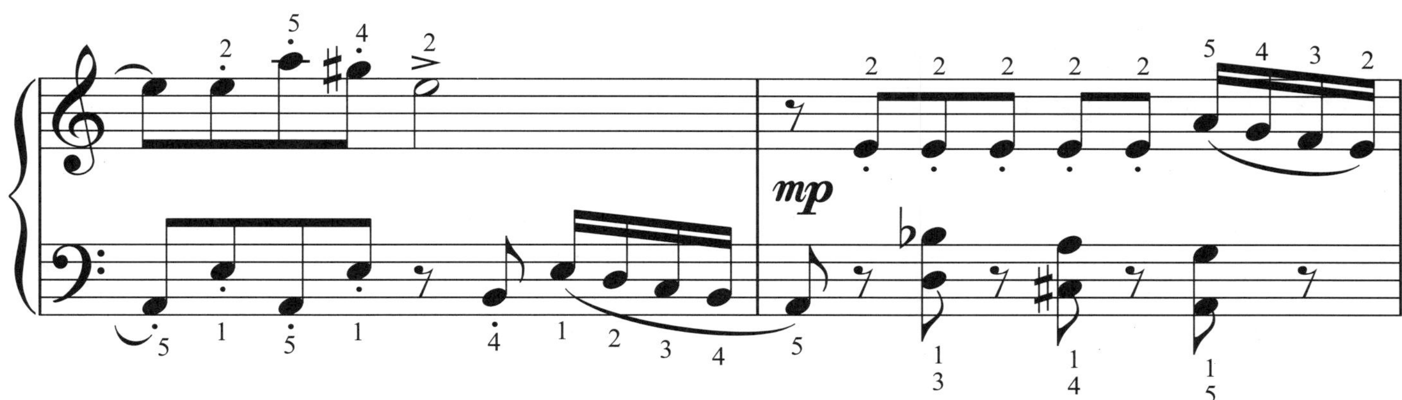

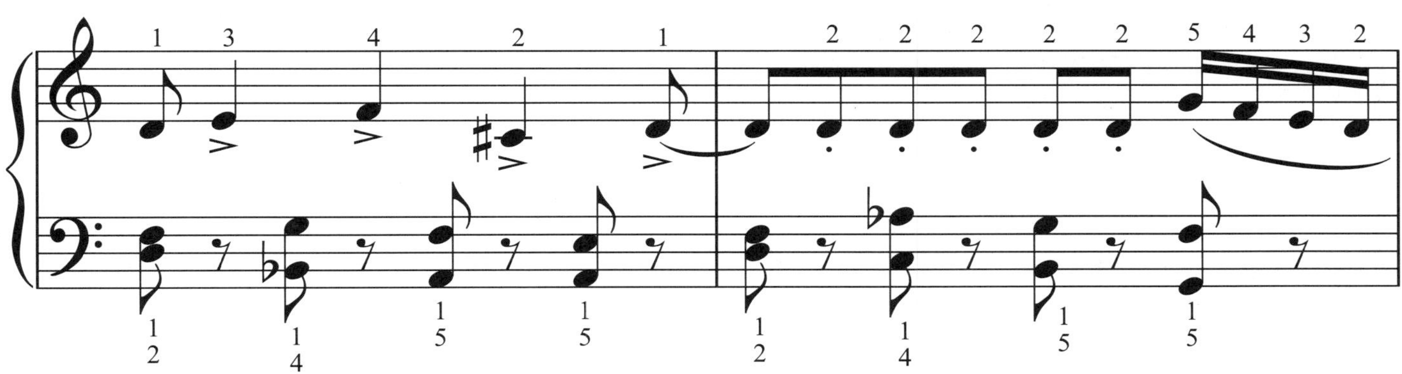

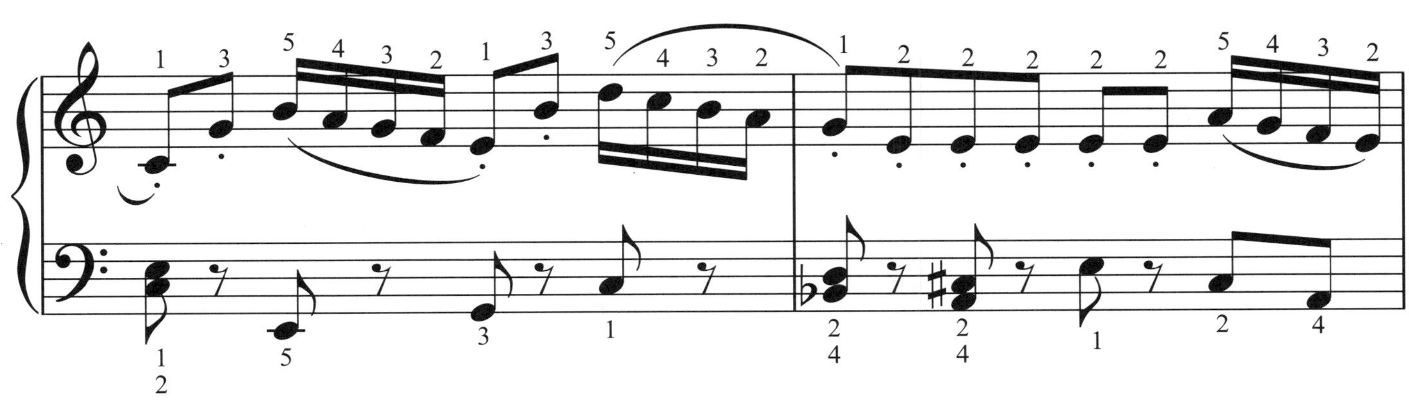

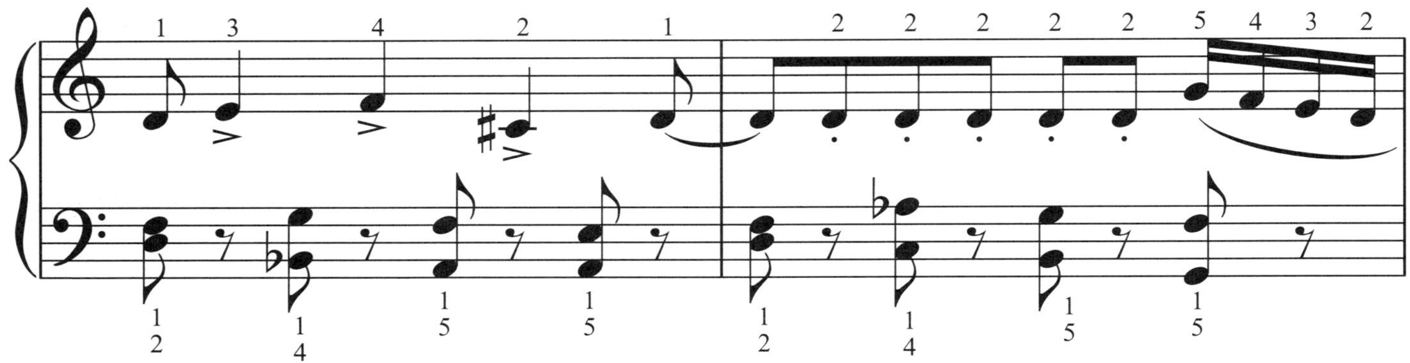

p

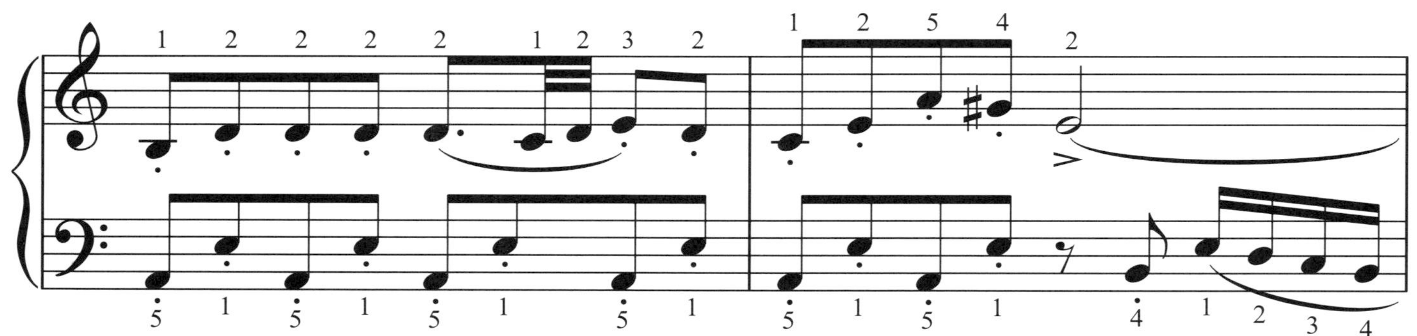

mf

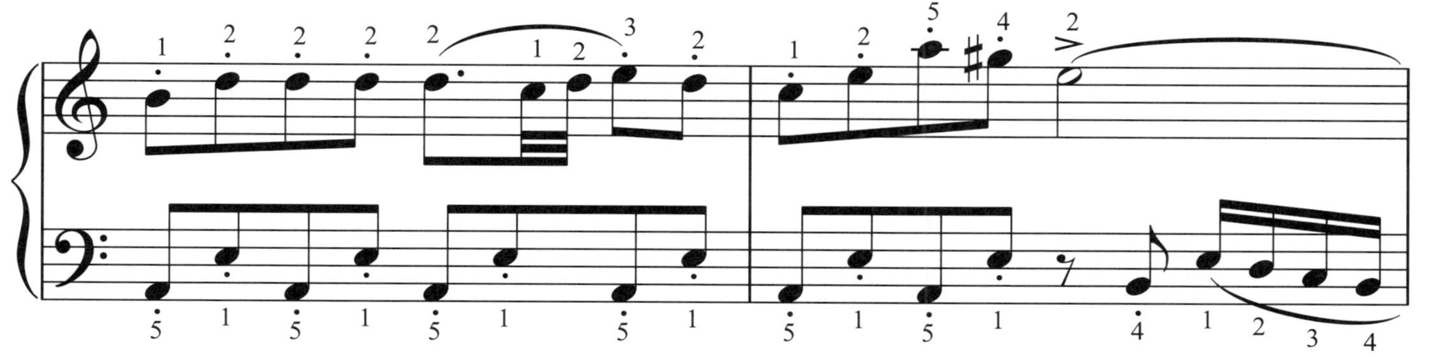

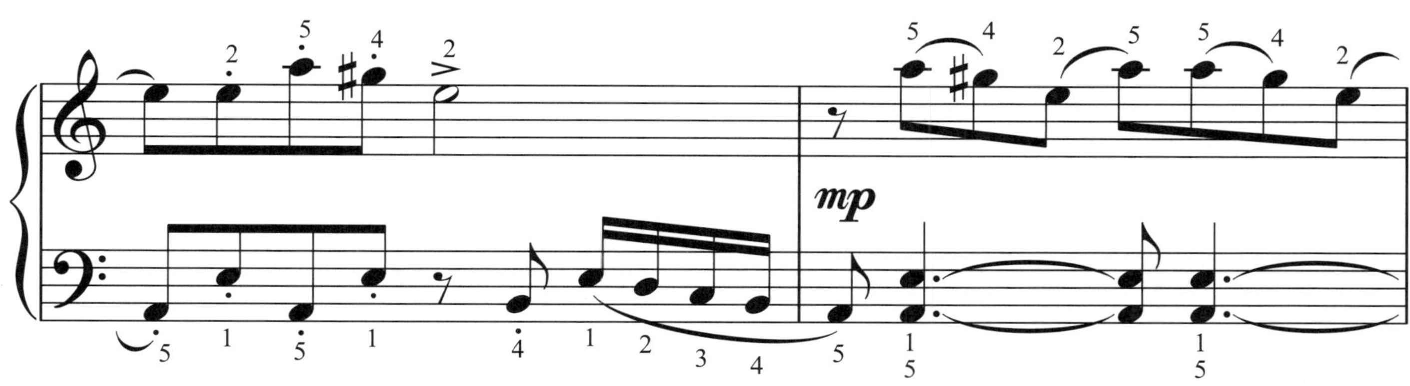

89

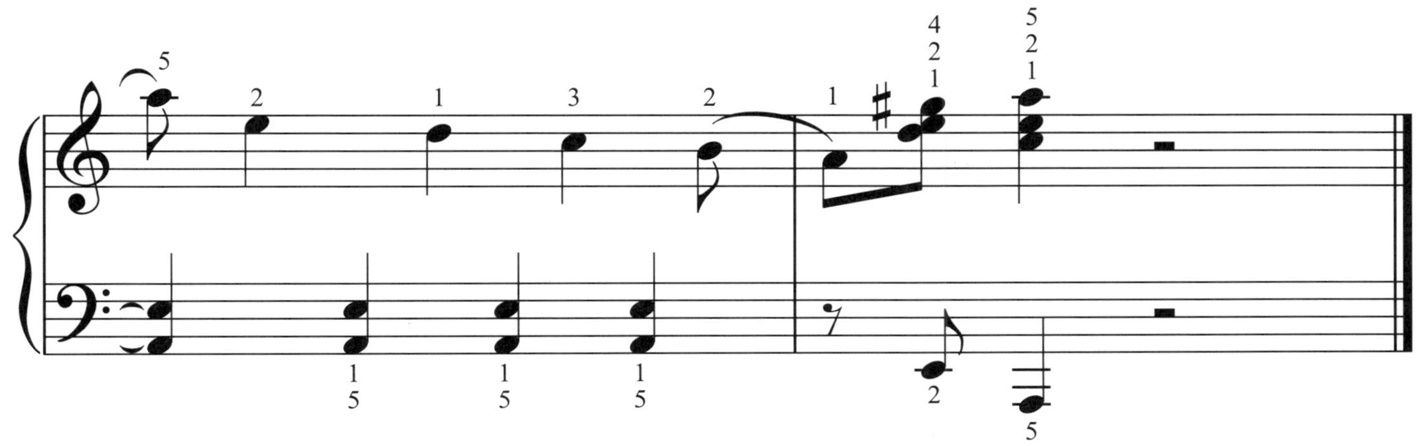

정경

백조의 호수 중에서 | Scene

차이콥스키 (1840-1893)

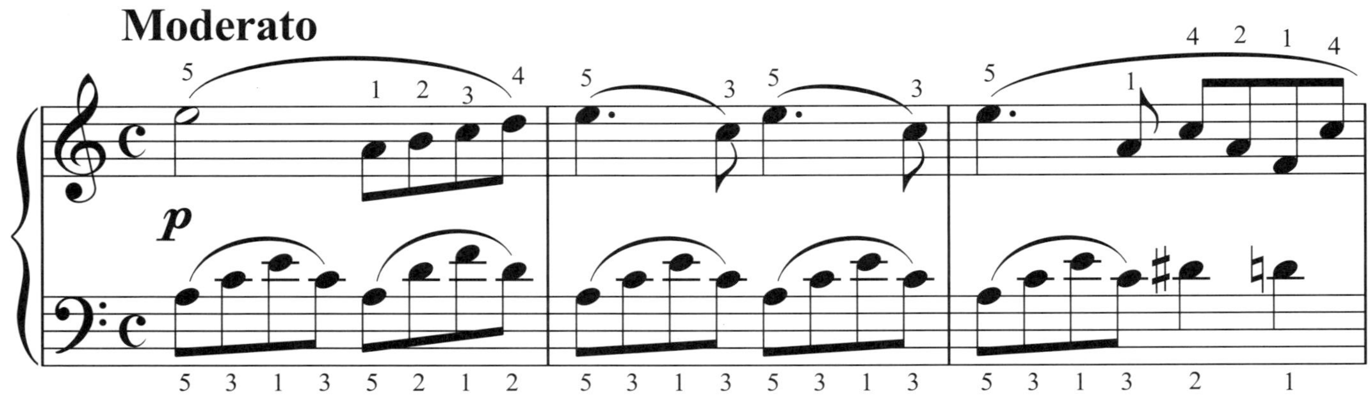

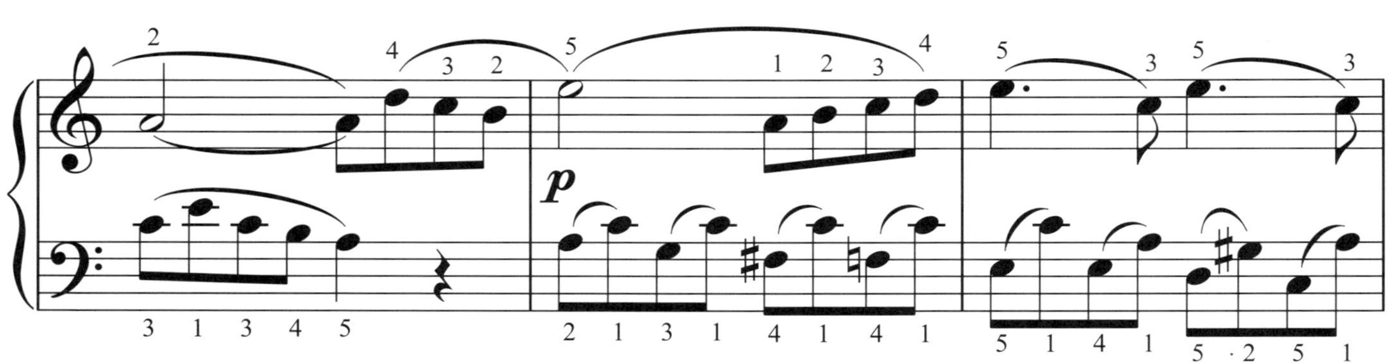

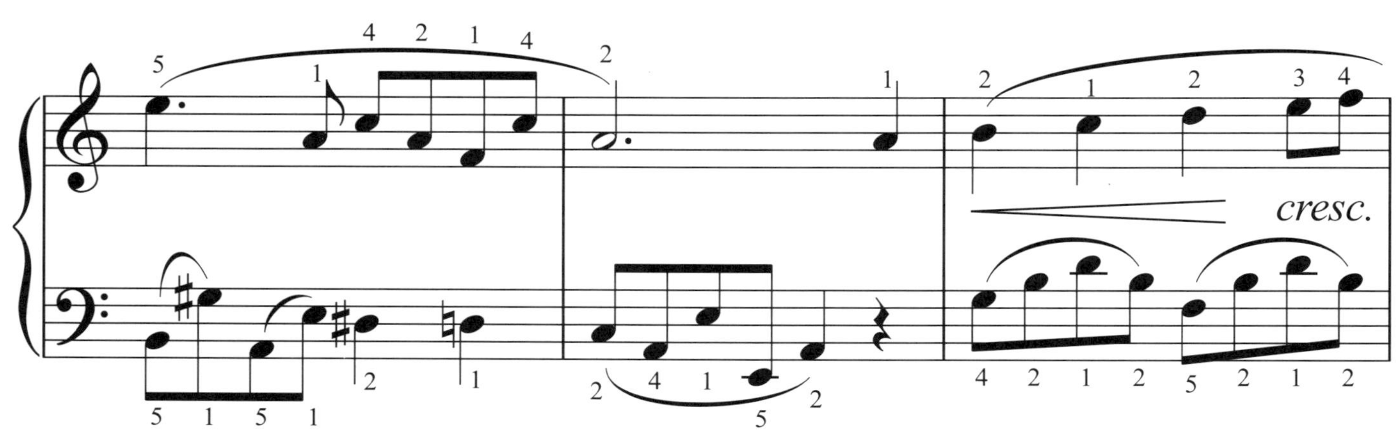

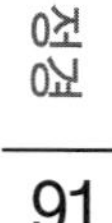

정말이지 쉬운 클래식 명곡집
92

미뉴에트

아를의 연인 중에서 | Menuet

비제(1838–1875)

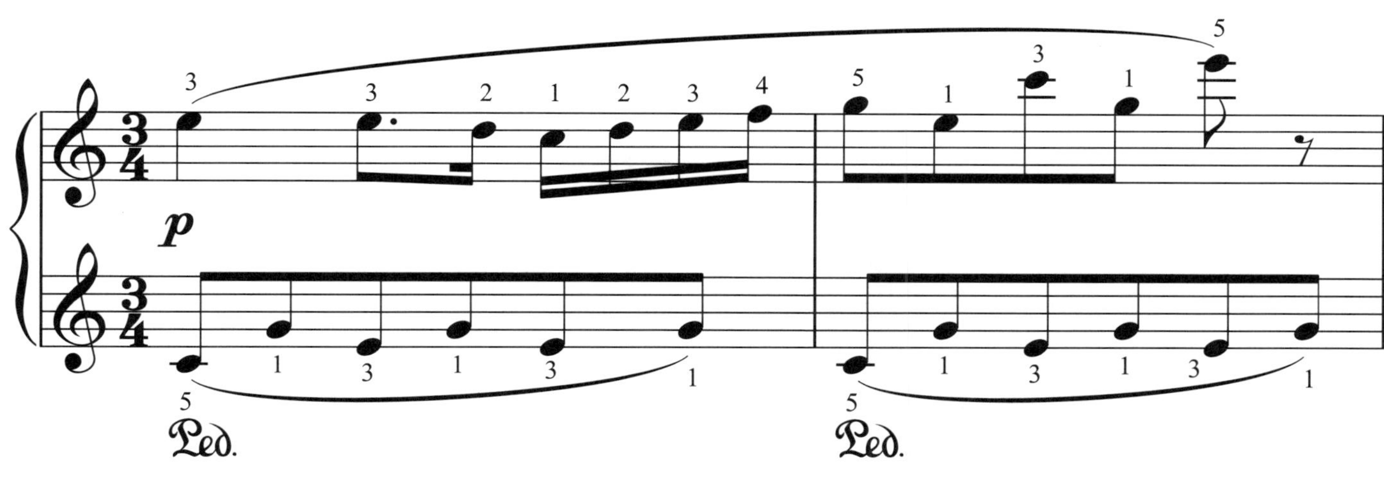

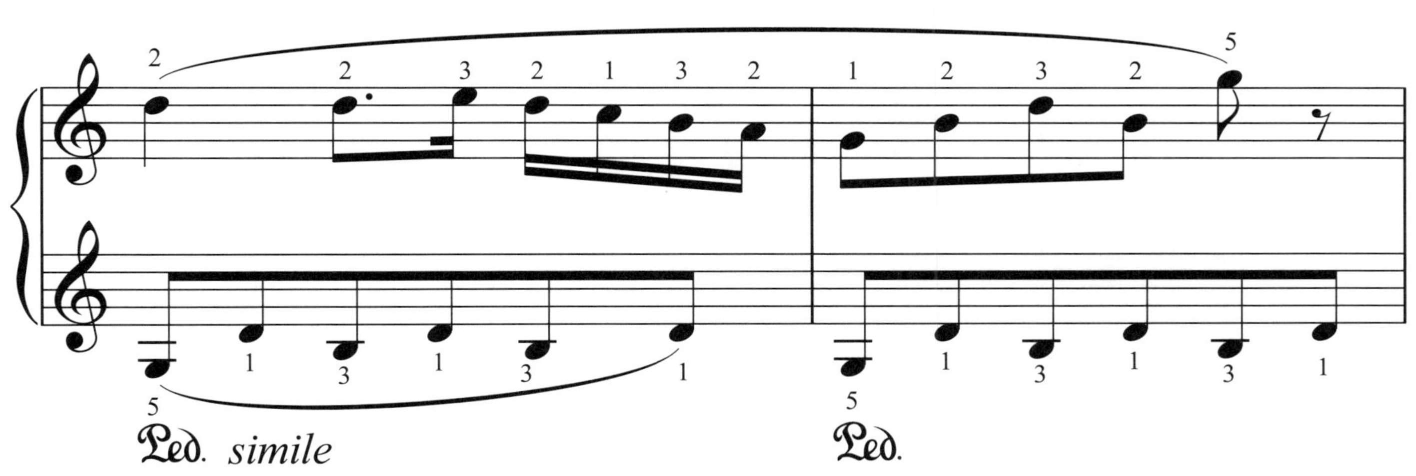

정말이지 쉬운 클래식 명곡집
94
Ped.

Ped.
Ped.
Ped.
Ped.
p
Ped.
Ped.
Ped.
Ped.
※
p
Ped.
Ped.

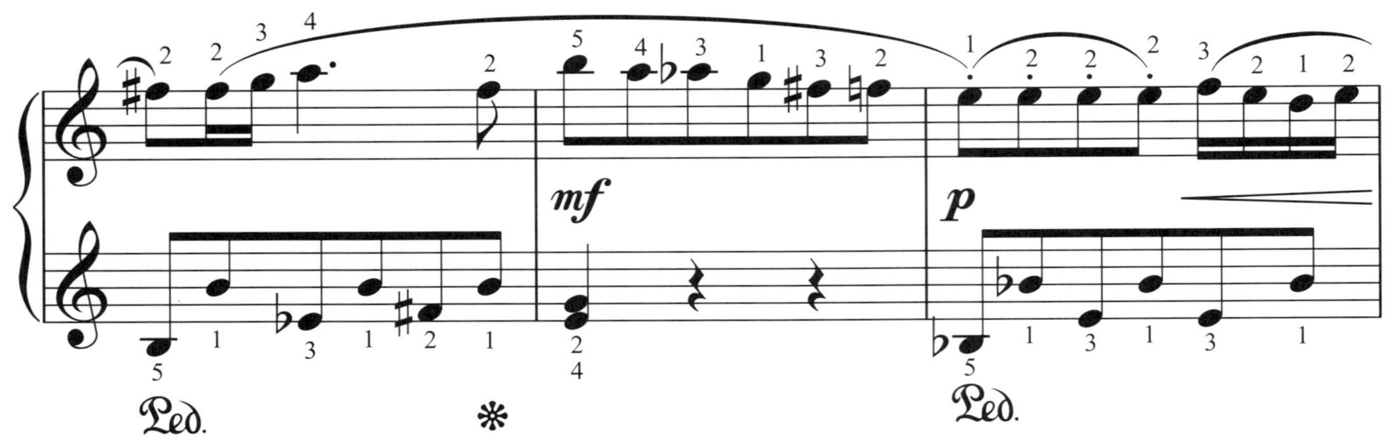

mf
p
p
mf
p
Ped.
Ped.
Ped.
Ped.
Ped.
Ped.
Ped.
Ped.
Ped.

Ped.
Ped.
Ped.
Ped.
Ped.
Ped.
smorzando
pp
Ped.
미뉴에트

그리그 피아노 협주곡

Piano Concerto op.16

그리그(1843-1907)

fz
fz
mp
Ped.
Ped.
Ped.
그리그 피아노 협주곡
99

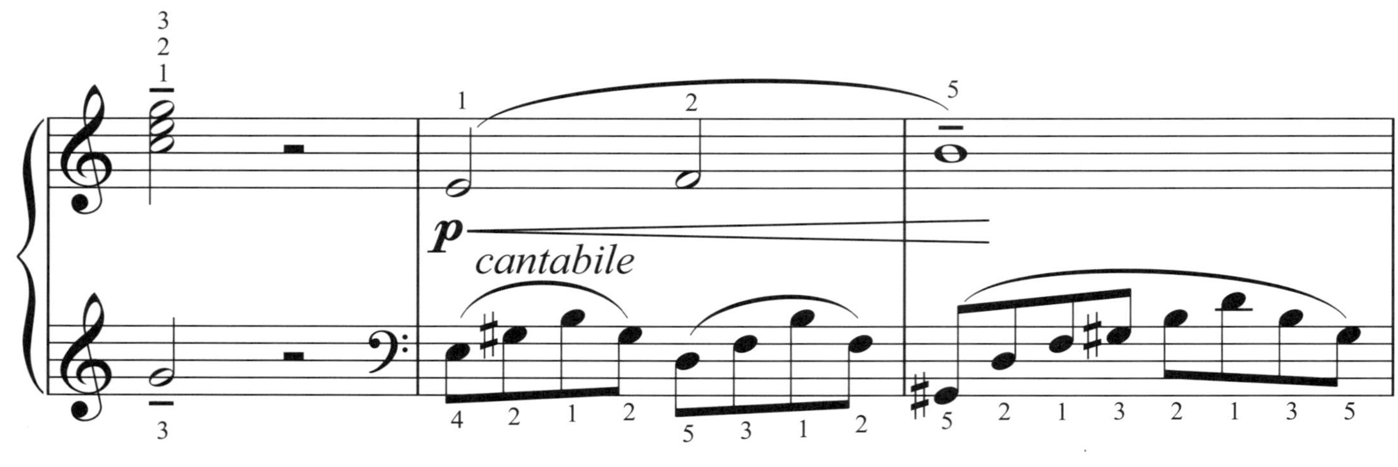
p
cantabile

mf
fz

3
3
dim.
3
3

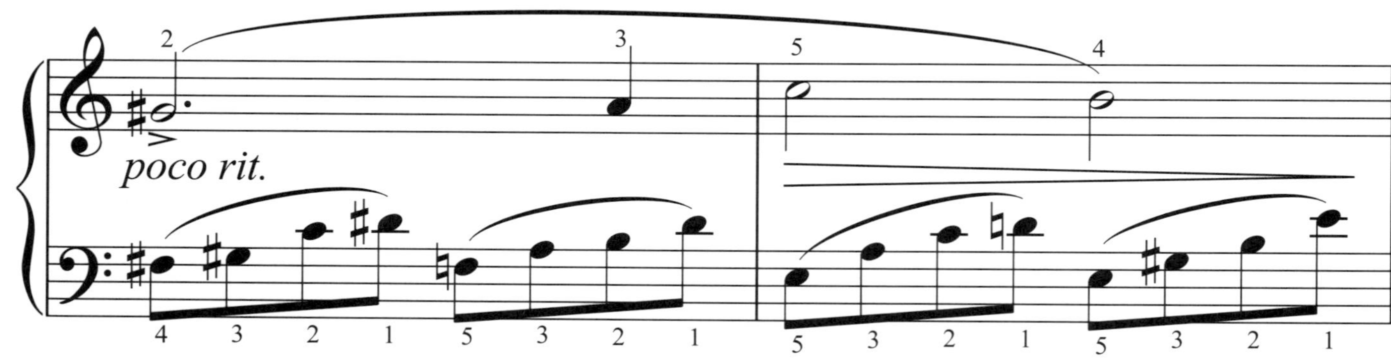
poco rit.

mp
cresc.
p

폴로베츠인의 춤

Polovetzer Tänze

보로딘(1833–1887)

클로베즈인의 춤

8va
Ped.
Ped.
Ped.
Ped.
Ped.
Ped.
Ped.
Ped.
Ped.

글로베츠인의 춤

차이콥스키 피아노 협주곡

Piano Concerto No.1 op.23

차이콥스키 (1840-1893)

Andante non troppo e molto maestoso

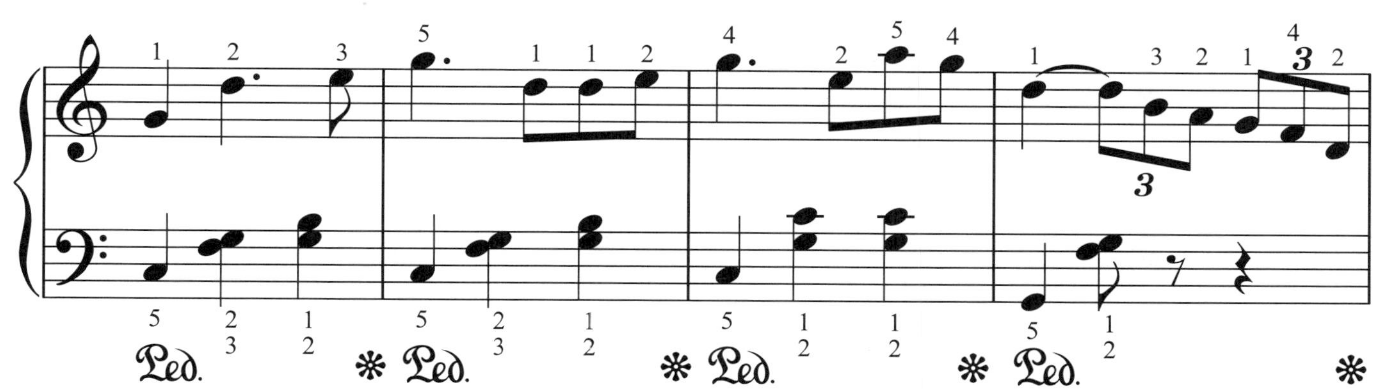

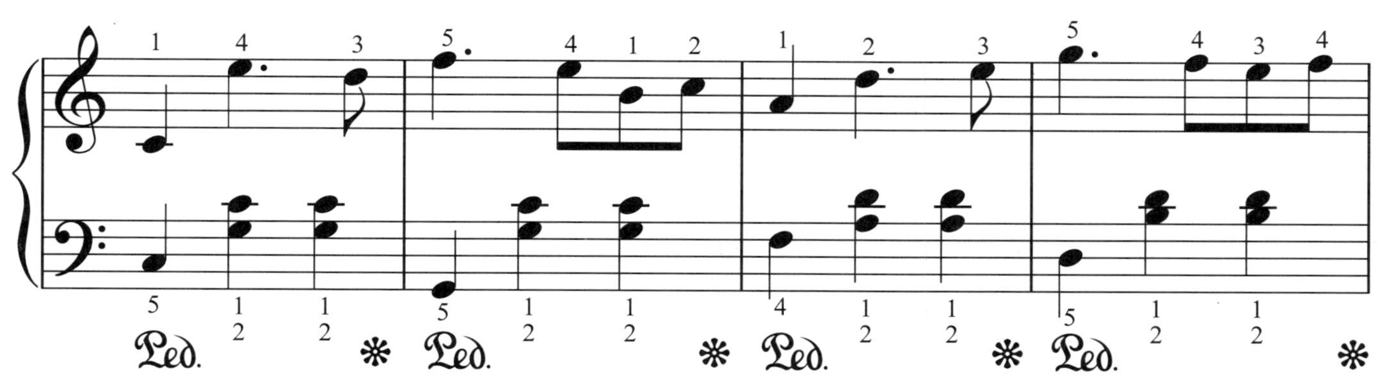

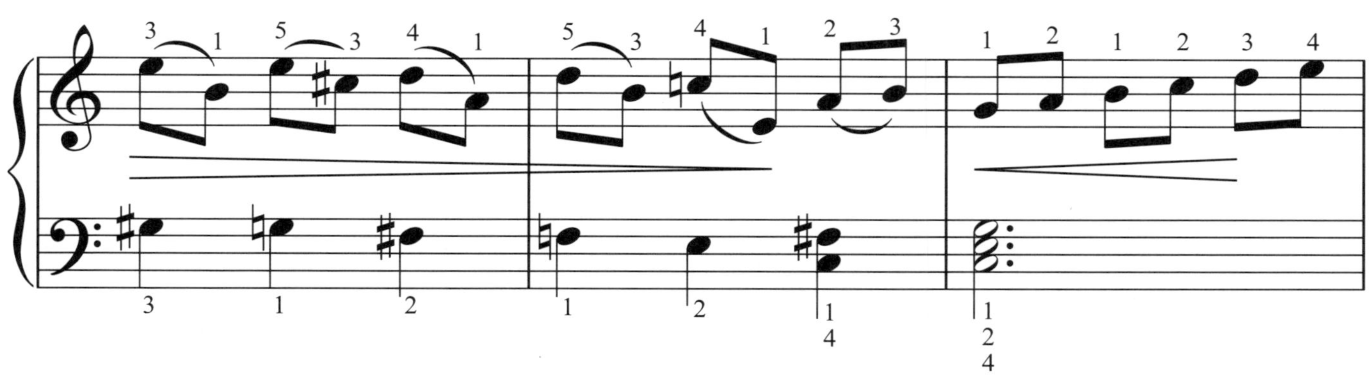

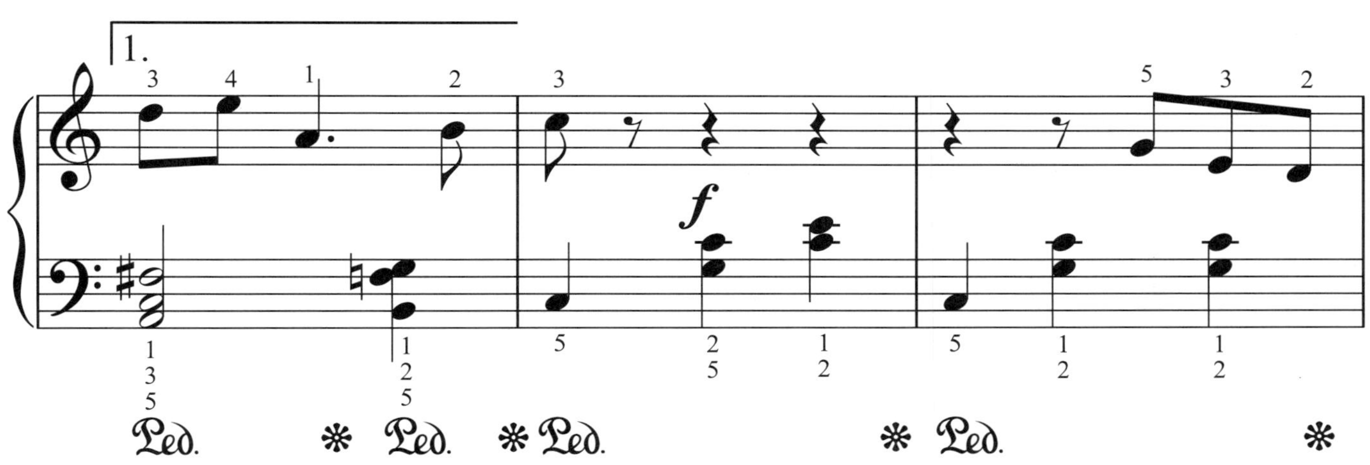

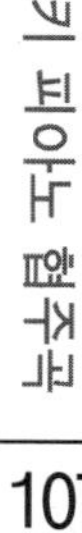
차이콥스키 피아노 협주곡

ff

Ped.   Ped.   Ped.   Ped.   Ped.   Ped.   Ped.   Ped.   Ped.   Ped.   Ped.   Ped.

정말이지 쉬운 클래식 명곡집
108

ff
2.
mp
Ped. * Ped. * Ped. * Ped. *
Ped. * Ped. * Ped. *
Ped. * Ped. * Ped. *
8va
rall.
pp
Ped. * Ped. * Ped. * Ped. *
109
차이콥스키 피아노 협주곡

엘리제를 위하여

Für Elise

베토벤(1770~1827)

112
정말이지 쉬운 클래식 명곡집
p
dim.
pp
Ped.
Ped.
Ped.
Ped.
Ped.
Ped.
Ped.